```
AF220586
```

Inhalt:

Nikolas zurückgewandt, Jonathan voranstrebend. Das Mariechen verloren. Die beiden treffen sich wieder in zunehmend dichter und wechselnder Nachbarschaft. Johanna weckt in ihnen unerträgliche Erinnerungen und begehrt auch Leopold, der sich seiner naturverbundenen Heimat widmet und seine Verbindung verschweigt. Sein Vertrauter Tomasz löst sich ab. Tizian will nicht länger eingesperrt sein. Cedrik leidet unter dem Großstadtlärm. Kilian vermietet und hat die Fäden in der Hand. Als er offenbart, dass ein alle verbindender Zirkus an diesem Ort stand, eröffnet sich der dichte Raum.

Gerade angekommen, schon wieder weggezogen.

Es zieht sie voran und es zieht sie zurück.

Die Sprache nah und fern.

Die Musik klassisch instrumental und live im Schlagzeug präsent.

Im Winter begonnen, im Frühjahr beendet.

Abgebildete Schauspieler:

Vorderseite – Maximilian Wenning

Rückseite – Maximilian Wenning

Cillian Mirau

ZUGVÖGEL

Tragische Komödie

Bibliografische Information der Deutschen Nationalbibliothek: Die Deutsche Nationalbibliothek verzeichnet diese Publikation in der Deutschen Nationalbibliografie; detaillierte bibliografische Daten sind im Internet über http://dnb.d-nb.de abrufbar.

© 2020 Cillian Mirau

Herstellung und Verlag:
BoD – Books on Demand, Norderstedt

ISBN 978-3-7528-8692-4

ZUGVÖGEL

Tragische Komödie

von Cillian Mirau (Pseudonym)

Fortsetzung der Reihe

Theaterstück in zehn Szenen, klassisch absurd mit unterstützenden Musikelementen und Schlagzeugeinsatz

Dauer: ca. 100 Minuten

Berlin 2020

Vielleicht stehst Du unbemerkt am Fenster und Deine Gedanken erkenne ich nicht. Vielleicht hätte ich Dich längst sehen müssen und Deine Gefühle verstehe ich nicht. Was treibt Dich um? Was willst Du hier weg? Ich hätte mich gerne an Dir festgehalten, doch Du lässt mich nicht.

Rollen (in der Reihe des Auftritts):

NIKOLAS

JONATHAN

LEOPOLD

JOHANNA

KILIAN

TOMASZ

CEDRIK

TIZIAN

Intro:

JUNGE

SCHLAGZEUGSPIELER

MANN 1

MANN2

Intro:

(Schlagzeug spielt)

Ein Junge mit einer Vogelmaske wird von zwei Männern gehetzt und bedrängt. Einer der beiden zieht den Jungen weg, der andere trägt Nikolas in einem Kleid heran.

(Schlagzeugeinsatz endet)

(Junge, Schlagzeugspieler, Mann 1 und 2 gehen ab)

1. Szene:

(Licht an)

(Ein Kubus mit von Kunststofffolie bespannten Wänden und Flügeln, ein Stuhl, schwarze Folie auf dem Kubus geformt wie Gebirge; daneben eine dreiteilige, von Folie bespannte Wand; auf der Rückseite eine Lichterkette, die durch die Folie hindurchscheint; dahinter verborgen eine Manege und ein Schlagzeug; im Hintergrund ein Netz)

(Nikolas tritt auf)

(Nikolas, zurückgewandt, auf einem Stuhl im Kleid, umwickelt von einer Lichterkette, gibt Impuls und Musik startet)

(Musikeinsatz)

(Licht aus)

(Lichterkette leuchtet)

(Nikolas spürt die Musik inmitten der hellen Lichterketten)

(Jonathan tritt auf)

(Jonathan, voranstrebend)

Jonathan: Als ob Dir plötzlich Flügel wachsen. Das kann nicht sein.

(Nikolas, mit der Musik verbunden)

Jonathan: Mach die Musik leiser. Denk an die Nachbarn. Es spricht sich noch herum.

9

(Nikolas reagiert nicht)

(Jonathan gibt Impuls)

(Musikeinsatz endet)

(Licht an)

Jonathan: Bist Du wirr? Was ist nur los mit Dir? Die Tür stand offen und im ganzen Haus dieses Konzert. (fasst sich an den Kopf)

Nikolas: Schön, nicht? Brahms.

Jonathan: Was? Nikolas, Du siehst geschmückt aus wie eine Weihnachtstanne. Bist Du alleine? Entschuldige, ich habe vergessen.

Nikolas: Wie kannst Du es vergessen? Lass mich feiern. Die Wände haben Ohren. Schließe die Tür, wenn Du Sorge um die anderen hast und mach das Fenster auf.

Jonathan: Dann ist es nicht besser.

Nikolas: Marie genoss es. Bei geschlossenen Fenstern fühlte sie sich so eingeengt.

Jonathan: Es ist kein Sommer.

Nikolas: Auch im Winter. Sie legte sich erst ihre Kette und dann einen Schal um und schaute hinaus. Ganz starr und lang. (traurig) Warum tut das so weh? Ich verstehe es einfach nicht.

Jonathan: Sie fehlt Dir sehr, oder?

Nikolas: Wie scheinheilig Du bist. Geh jetzt und lass mich feiern. Es ist Heiliger Abend und ich möchte mit ihr allein sein. Sie liebte Brahms. Und ich auch.

(Musikeinsatz)

Nikolas: Vielleicht stehst Du unbemerkt am Fenster und Deine Gedanken erkenne ich nicht. Vielleicht hätte ich Dich längst sehen müssen und Deine Gefühle verstehe ich nicht. Was treibt Dich um? Was willst Du hier weg? Ich hätte mich gerne an Dir festgehalten, doch Du lässt mich nicht.

Jonathan: Der Blick apathisch, stumpf, untätig. So wurde es mir erzählt. Ich habe sie so nie erlebt. Flatternde Vorhänge. Ungestüm und zum Flug bereit. Kälte, die den Raum erfüllt, dennoch schaut sie unermüdlich. Worauf wartet sie noch? Auf den passenden Moment, um alles hinter sich zu lassen. Ich kann von keinem Streit berichten. Vermutlich eine Liebesbeziehung, die nach Unterbrechung schreit. Was soll ich hinzudichten, wenn ich es nicht genau weiß.

(Jonathan will abgehen, kommt schnell zurück und fällt Nikolas um die Beine)

(Musikeinsatz endet)

Nikolas: (verliert fast das Gleichgewicht) Was tust Du? Du nimmst mir den Stand.

Jonathan: Ich vermisse sie.

Nikolas: (bekommt Halt und streicht Jonathan über den Kopf) Ich weiß.

(Jonathan küsst Nikolas innig)

Nikolas: (weist Jonathan dann plötzlich zurück) Nicht küssen. Ich bin nicht Marie. Geh jetzt. Mich friert es.

Jonathan: Ich brauche sie mehr als Du.

Nikolas: Das ist nicht wahr. Hast mir genug angetan. Scher Dich raus und schließe Fenster und Tür, damit Marie nicht auf dumme Gedanken kommt.

Jonathan: Gräme Dich nicht. Wir haben beide den Grund gesät. Sei vernünftig und verschwende nicht unnötige Gedanken.

Nikolas: Es ist meine Erinnerung. Die wirst Du nicht vertreiben. Geh doch endlich. Ich will hier mit Marie allein sein.

Jonathan: Bist schon so lange einsam. Wann gibst Du endlich Ruhe? Lass die Vergangenheit ziehen.

Nikolas: Du sollst gehen. Sonst rupfe ich Dich wie eine Gans und stecke mir Deine schönen Federn ins Haar.

(Jonathan geht ab)

(Musikeinsatz)

(Nikolas enttäuscht und im Glanz der Lichterkette, mit der Musik verbunden)

(Licht aus)

(Nikolas geht ab)

(Jonathan tritt auf)

(Jonathan auf dem Stuhl in dem Kubus)

(Leopold tritt auf)

(Johanna tritt auf)

(Licht an)

(Musikeinsatz endet)

(Leopold, in Lederhose, führt Johanna, in kurzem Kleid, durch den Kubus, der von Jonathan, auf dem Stuhl stehend, renoviert wird)

(Johanna erstellt Seifenblasen und versucht, auf die Aussagen von Leopold zu reagieren, was ihr nicht gelingt)

Leopold: (in einem Zuge) Ihr Zimmer wird noch renoviert. Es ist schön hell und durchlässig. Hängen Sie doch ein paar Bilder auf. Obwohl. Das lohnt sich nicht. Ich wohne gleich nebenan. Wenn Sie dort hindurchschauen, können Sie direkt sehen, wo ich lebe. Das wirkt sehr eng, aber das scheint nur so. Wir sind fast verbunden, wie wir alle hier, nur durch den Rahmen getrennt. Das ist zwar nah, jedoch hat jeder sein Reich, also sein Viertel, seine Box, seine Zelle…und da kann jeder tun und lassen, was er…sie will. Je nachdem, was Sie tun wollen. Machen Sie einfach ihr Ding…und wenn etwas ist, bin ich gleich da. Sie sehen mich ja. Bitte nicht falsch verstehen. Ich bin nicht immer da. Aber meistens. Ich liebe es, draußen zu sein. Dann fühle ich mich wie ein Vogel. Das sehen Sie dann schon, wenn Sie hindurchblicken, wie ich mich gebe. Ich werde nicht schauen, ob Sie herübersehen. Gleichzeitig bemerke und spüre ich es, wenn Sie das Gespräch suchen. So finden wir uns, wenn ich...wenn Sie mich suchen...wenn Sie mich brauchen...wenn Sie Bedarf haben...egal...ich habe den schönsten Rasen. Alles gemäht und der Schnitt ist perfekt. Da können wir uns vielleicht...und das muss...jetzt...noch nicht sein...aber bald...können wir uns auf meiner...unserer Wiese treffen. Wie gesagt. Ich wohne gleich nebenan. Sie können dort hindurchschauen, wo mein Rasen ist. Dort mache ich Sport, manchmal gehe ich noch Boxen und bereite mich vor. Wer weiß, worauf? Heute nur noch zum Spaß. Früher sogar zum Wettkampf. Haben Sie bemerkt, wie trainiert ich bin?

(fällt hin)

Manchmal habe ich das Gefühl, der Boden wird mir weggezogen. Das kennen Sie sicherlich.

Ach, noch eins. Wenn Tomasz da ist, können wir den auch wegschicken. Das ist alles ganz eng hier und Tomasz sitzt...liegt oft auf meiner Grasdecke. Er ist ein Nachbar, so wie Sie es bald...jetzt schon sind. Tomasz hasst Schuhe, obwohl seine Füße eher Schuhe brauchen. Er geht nicht Barfuß.

(fällt hin)

So schlimm ist es auch wieder nicht. Er trägt Socken. Die sind an der Sohle dreckig und das auf meinem Rasen. Was rede ich da? Das ist alles nicht so perfekt wie bei mir. Aber wie wichtig ist schon Perfektion? Wie gefällt Ihnen Ihr Zimmer? Es wird noch renoviert. Das sagte ich wohl schon. Sie gefallen mir mit Ihrer offenen Art.

(fällt hin)

Ach, der Boden schon wieder. Das gibt sich schon mit der Zeit.

Also Tomasz, das ist der mit den Füssen, in den Socken. Warum zieht er die nicht aus? Also Tomasz liegt stundenlang auf meinem Rasen und wartet darauf, dass ich etwas sage. Da kann er lange warten, weil ich die Stille genieße und die Vögel beobachte. Es wäre aber überhaupt nicht schlimm, wenn Sie etwas wollen, eine Frage haben oder einen Rat benötigen. Dann verzichte ich sofort auf meinem permanenten Drang nach Ruhe, strecke meine Flügel aus, stelle die Federn auf und bin ganz Ohr.

(hält Johanna sein Ohr hin, Johanna züngelt)

und empfange Sie auf meinem Grün…ohne Tomasz.

(Johanna leckt Finger von Leopold ab)

Er ist eigentlich ganz nett. Etwas schüchtern. Vielleicht stört es Sie auch gar nicht…Ich bin übrigens Leopold…dann können wir das Sie verlassen und zum Du wechseln…Das ist für Sie sicherlich in Ordnung. Dann bist Du die…das können wir auch auf später verschieben, wohlmöglich auf das erste Treffen auf meinem Grün. Ich liebe die Wiesen, Berge,

Seen. Können Sie sich das vorstellen? Das ist Heimat. Meine Heimat.

(fällt hin)

Da bin ich ganz zuversichtlich und freue mich auf Dich...Sie. Und dieser Tomasz liegt da mit seinen Füssen ganz entspannt...Ich mag ihn, da er mir die Gelassenheit schenkt, die ich nicht...aber lassen wir das.

(fällt hin)

Ich mach es mal ganz kurz: Ich bin für Sie da und Tomasz auch. Wir sind ein Team und allein kann ich auch nicht...Nur noch ein paar Pinselstriche und es ist vollbracht. Ich mag Ihre offene Art und wenn Du mal Fragen hast...

(Licht aus)

(Musikeinsatz)

(Leopold geht ab)

(Kilian tritt auf)

(Licht an)

(Zunächst Fokus auf Kilian)

Kilian: Die heilige Marie, der barmherzige Nikolas, der untröstliche Jonathan, die genügsame Johanna. Ihr seid die vermaledeiten Sünder, Empfänger und Beschützer. Ich weite meine Sorgen aus und schließe Euch ein in meine Gedanken...Die heilige Marie...

(Kilian geht ab)

(Musikeinsatz endet)

Johanna: (zu Jonathan, auf dem Stuhl stehend) Bist Du Tomasz?

Jonathan: Was? Nein. Ich habe doch Schuhe an. Wenn man hoch hinaus oder vorankommen will, geht das nicht ohne Schuhe. Die halten manche am Boden fest. Mir helfen sie beim Abstoßen. Bin nicht flügellahm. Heiße Jonathan.

(meint Leopold) Ist er weg?

Johanna: Wer? Ja.

Jonathan: Bewegt man sich nicht, übersieht er einen.

Johanna: Ich habe mich nicht bewegt.

Jonathan: Dann hat er Dich auch nicht bemerkt.

Johanna: Doch. Er hat mich eingeladen.

Jonathan: Das ist komisch. Vielleicht hast Du gesprochen.

Johanna: Kein Wort.

Jonathan: Nicht gesprochen und nicht bewegt und doch bemerkt. Wenn Du schon mal da bist, magst Du mir kurz helfen?

Johanna: Ich bin die Johanna und wohne bald hier. Du renovierst mein Zimmer. Hast Du nicht zugehört?

Jonathan: Dein Name ist bald vergessen, wie meiner auch. Wenn ich zugehört hätte, hätte er mich bemerkt. Er spürt, wenn er Aufmerksamkeit erhält. Da kann ich unmöglich alles erfassen, was ihn umtreibt und stürzen lässt. Auf was hat er Dich eingeladen, auf ein Getränk, das er sich selbst einverleibt?

Johanna: Er sprach von seinem Rasen, der so besonders sei. Du hast doch zugehört.

Jonathan: Ich habe nur etwas aufgeschnappt. Hörst Du das?

Johanna: Was soll ich hören?

Jonathan: Sie wollen wegziehen. Das klingt wie Kreischen, bevor sie aufbrechen. Drehen einige Runden und wenn endlich die Richtung stimmt, fliegen sie fort. Laufen sie los. Das geht auch ohne Flügel. Willst Du mir nun kurz helfen?

Johanna: Wobei?

Jonathan: Die Folie hat sich gelöst und es soll bald Sturm geben.

Johanna: Was ist zu tun?

Jonathan: Du musst Dich strecken.

(Johanna versucht zu unterstützen)

Jonathan: Mehr. So wird das nichts. Komm hoch. Reck Deinen Kopf, dann wird der Rücken länger.

(Leopold tritt auf)

Jonathan: Da ist er wieder.

Leopold: Ich habe Dich gehört und Du hast Dich bewegt. Bist erst seit Kurzem da?

Jonathan: Nein. Ich bin schon eine ganze Weile…

Leopold. Komisch. Ich habe Dich nicht bemerkt.

Jonathan: Sag ich ja. Aber, sie hat sich vorhin auch nicht bewegt.

Leopold (zu Johanna): Du bist ja noch da. Schön. Der Stuhl trägt nur einen. (hockt sich hin auf allen Vieren und bietet den Rücken an) Klettere auf meinen Rücken…

(Johanna klettert auf Leopolds Rücken)

Jonathan: …und streck die Arme höher, dann sollte es gehen. Denk an Deinen Kopf und entspann die Schultern.

Johanna: (zu Leopold) Mehr einen Buckel oder drück Dich hoch. Wie stark Deine Arme sind, fast wie die Flügel eines Kranichs.

(zu Jonathan) Und Du zieh mich herüber, wie beweglich Du bist…

(Johanna und Jonathan sind bemüht, die Folie wieder umständlich anzubringen. Leopold unterstützt mit seinem Körper. Johanna steht bzw. hängt zwischen Jonathan und Leopold und schaut durch den von der Folie unbedeckten Teil der Wand)

Johanna: (zu Leopold) Ich spüre Deinen Rücken durch die Sohle. Das ist schön.

(Leopold rutscht weg, Johanna kurz aus der Balance)

Johanna: Ich hab's gleich. Was ist das?

(Kilian tritt auf)

Kilian: Strengt Euch an. Es wird einem Nichts geschenkt. Das muss schneller gehen. Wartet, ich helfe Euch.

Jonathan: Kilian, es soll Sturm geben. Wir sollten sorgfältig vorgehen. Warum diese Eile?

(Kilian versucht auch, mit an die Folie zu gelangen; immer artistischer)

Kilian: Weil nebenan schon der Nächste einzieht. Und alles fertig werden muss.

Johanna: Ich freue mich schon auf mein Zimmer. Bin die Johanna.

Kilian: Ja, ja. Heute ist es noch Dein Zimmer, morgen schon wohnt da der nächste oder es wird mit anderen geteilt.

Johanna: Ich teile mein Zimmer nicht, bin gerade erst angekommen.

Kilian: (winkt) Du wirst weiter ziehen, noch bevor der Sturm Dich treibt. Heute bist Du Zimmerherr, …frau, morgen Nomade. Ich weiß, wovon ich rede. Vermiete Stuben, Buden, Kabuffe, solange ich denken kann. Wäre schön, wenn mal ein Schloss dabei wäre. Aber was soll ich anderes machen?

Johanna: Was ist das?

Kilian: Was ist was?

Johanna: Das sieht aus wie Rasen.

Leopold: Schön geschnitten und saftgrün.

Kilian: (aufgeregt) Das kann nicht sein. Da wächst nichts mehr. Früher war hier alles einmal eine Ponyweide. Zugtiere mussten keine Koppel tragen. Und da gab es Gras, unendlich viel. Mit Hasen und Hörnchen. Hier waren die Stallungen. Da haben sie sich geputzt, bis sie glänzten. Aber jetzt? Dann ein Zirkus mit einem Zelt, so groß wie das Firmament. Der musste sich verkleinern und es wurde eine Sporthalle gebaut aus rotem Backstein. Ja, ja. Ganz rot. Der ist dann verblasst. Erst waren die Boxer da mit ihren blutigen Nasen und dann die Schauspieler mit ihrem Drang, sich zu entfalten. Das Theater wurde verdrängt und dann kamen Wohnungen, erst großzügig und dann wie Zellen für Wechseltierchen. Da wird man schnell zur Amöbe.

(kitzelt Leopold)

Johanna: (aufgeregt, gerät kurz erneut aus der Balance) Das ist Rasen oder…

Jonathan: Was verwundert Dich?

Leopold: Ich habe es Dir doch angeboten, darauf zu verweilen.

Kilian: Sie hat es nicht erwartet…Früher war hier alles einmal eine Ponyweide…aber jetzt…

(Licht aus; durch die Folie der Wand leuchtet es grün)

(Musikeinsatz)

(Licht mit Fokus auf Kilian)

Die heilige Marie, der barmherzige Nikolas, der untröstliche Jonathan, die genügsame Johanna. Ihr seid die vermaledeiten Sünder, Empfänger und Beschützer. Ich weite meine Sorgen aus und schließe Euch ein in meine Gedanken…Die heilige Marie…

(Nikolas tritt auf)

(Nikolas hält sein Kleid auf dem Arm)

Nikolas: (aufgeregt) In meinem Zimmer…

(Johanna holt einige Taschen)

Johanna: Schönes Kleid. Welche Größe ist das?

(Musikeinsatz endet)

Nikolas: … fehlen mir die Bügel.

Johanna: Hier wohne ich.

Nikolas: (zeigt auf die Taschen) Hast Du noch mehr davon?

Johanna: Ja, ganz viele.

Jonathan: (mit Renovierung beschäftigt) Lass sie draußen, es lohnt sich nicht.

(Johanna geht ab)

Nikolas: Das hat mir keiner gesagt. Kann mich selbst kaum orientieren. Wie soll ich das Marie erklären?

Kilian: Nun hab Dich mal nicht so. Das geht hier wie im Fluge. Amöbe eben. Wechseltierchen.

(Kilian deutet Tierchen an und kitzelt Nikolas)

Dein Zimmer ist jetzt da ganz hinten. Ein Eckstück. Komm, ich zeig es Dir.

(Nikolas bleibt stehen)

Nikolas: Sie stand erst geduldig am Fenster, abwartend, neugierig und war kurz darauf außer sich, wenn ein Schwarm nicht zusammenblieb. Wenn einzelne ausscherten, um noch eine Schleife zu drehen. Am liebsten wäre sie aufgestiegen und hätte den Hals in die Richtung gezogen, die die anderen längst vorgaben. Schließe doch das Fenster, bat ich sie. Es ist so bitterkalt. Marie starrte in den Himmel, fast Nacht und die Wolken nur Schatten, redete kein Wort und gab erst Ruhe, als die Meute, mit offenen Schnäbeln schreiend, sich vollends entschieden hatte. Ich wollte sie in den Arm nehmen, ihren Kopf halten, sie vor sich selbst beschützen. Und sie sagte nur einen spärlichen Satz: (Pause) Nicht küssen.

Kilian: (währenddessen) Quack, quack, quack…

(Kilian geht ab)

Nikolas: (zu Jonathan) Hast Du einen Bügel für mich?

Jonathan: Zeig mal her!

(Nikolas übergibt Jonathan das Kleid)

Jonathan: (schaut es sich an) Dafür brauchst Du keinen Bügel. Das hängt sich auch so aus.

(Jonathan hängt das Kleid an der Wand auf)

Nikolas: (erbost) Es verliert die Form und damit die Erinnerung. Gib es mir zurück.

Jonathan: Ist ja schon gut. Das Kleid scheint Dir noch viel zu bedeuten.

(Jonathan hält es sich selbst an den Körper und macht sich lustig)

Nikolas: Was soll das schon wieder? Das wirst Du mir nicht auch noch wegnehmen. Gib es mir zurück.

Jonathan: Ich will es selbst noch eine Weile halten. Es ist ganz leicht. Als ob es selbst wegfliegen kann.

Nikolas: Ich ertrage es nicht mehr.

Jonathan: Es fühlt sich so gut an. Hast Du je gespürt, wie weich es sich anfühlt? Wie zaghaft damit umzugehen ist? Wie zerbrechlich das Kostüm sich offenbart?

Nikolas: Was quälst Du mich schon wieder? Irgendwann greife ich nach Deiner Gurgel. Nun gib schon her.

(Jonathan gibt das Kleid zurück)

Jonathan: (deutet auf die Taschen) Schau mal in die Taschen, da wird es auch einen Bügel geben.

(Johanna tritt auf)

(Nikolas gibt das Kleid an Johanna und öffnet eine Tasche, die Johanna ihm wieder wegnimmt und dabei das Kleid zurückgibt)

(Nikolas öffnet eine zweite Tasche und holt Bügel hervor)

Nikolas: Ich kann mich nicht entscheiden, welcher der passende ist.

Jonathan: (fasst sich plötzlich an den Kopf) Nimm halt irgendeinen oder alle für Deine Kleider. Es drückt so. Hänge sie weg und lasse sie nicht verstauben.

Nikolas: Ich habe nur das eine und nehme diesen.

Johanna: Ich würde diesen nehmen.

Nikolas: Der sieht genauso aus.

Johanna: Das täuscht. Sie treten in Scharen auf und sind dennoch einzigartig.

(Tizian tritt auf)

(Tizian, ängstlich, springt Nikolas direkt auf die Arme)

(Nikolas wirft, als er Tizian auffängt, das Kleid vor Schreck zu Jonathan)

Nikolas: Das ist ja jetzt blöd. Das Kind ist da und Marie ist weg.

Tizian: Bin ich ein Kind? Dann gib mir die Flasche. Eine Brust sehe ich nicht. Oder ist sie hier verborgen?

Nikolas: Nein, natürlich nicht. Du warst nur plötzlich da und ohne Ankündigung und ohne Empfängnis. Was rede ich. Wer bist Du überhaupt?

Tizian: Ich suche meinen Ball. Rund. Gut in der Form und zugleich geschmeidig im Spiel.

Johanna: Sie treten in Scharen auf und sind dennoch einzigartig.

Jonathan: Sagtest Du bereits. Können wir mal vorankommen.

(zu Tizian) Was springst Du hier in die Szene hinein?

Tizian: (reagiert ängstlich und spricht Italienisch) Hätte ich fliegen sollen?

Nikolas: Ich verstehe kein Wort. Und gehe doch mal von meinem Arm herunter. Bist schon ganz schön schwer geworden. Dein Ball muss doch irgendwo sein.

(Tizian steigt vom Arm herab und läuft auf der Stelle)

Jonathan: (reagiert knapp und unerwartet auf Italienisch; es gibt einen sehr kurzen Schlagabtausch) Einfältiger Vogel...

Johanna: So ein Kind will ich nicht haben.

(Tizian hat Angst und springt auf den Arm von Leopold)

Tizian: Nicht einsperren. Habt Ihr ihn gesehen? Gebt mir den Ball, dann laufe ich, als ob mir Flügel wachsen.

Johanna: Ich überleg es mir, er ist so schön impulsiv.

(Johanna öffnet eine Tasche und zeigt Tizian einen Ball)

(Tizian springt vom Arm herunter und will zu dem Ball; Nikolas hält ihn fest)

Jonathan: Nun gib ihm schon die Kugel und lass ihn spielen.

Nikolas: Und dann ist er fort und alles rinnt aus meinen Händen.

(Tizian reißt sich los nimmt den Ball)

Tizian: All die dummen Späße habe ich satt. Du hältst mich nicht. Das wird Dir ungleich gelingen.

(Tizian wirft den Ball zu Leopold, der diesen zurückwirft)

(Tizian geht ab)

Jonathan: Vergiss ihn und nimm Dein Kleid. Unseres Mariechens Kleid.

Nikolas: (nimmt den Bügel und trägt dann das Kleid daran, als ob sie vor ihm steht) Mariechen und ich sind beglückt. Ein Kind wäre mir zu übereilt. Das hat ja auch noch Zeit.

Jonathan: Mir wäre sie wahrhaftig lieber.

(fasst sich erneut an den Kopf) Geh zurück in Dein Zimmer. Ich muss vorankommen.

Nikolas: Jetzt schickst Du mich weg. Das hast Du schon mal getan. Mich allein gelassen. Ich werde aus Dir nicht schlau.

(mit dem Kleid verbunden) Wenn wir ganz eng miteinander sind, atmen wir tief ein und schaffen uns mehr Raum. Wir pumpen das Blut aus engen Kapillaren in unseren Kopf und träumen vom großartigen Palast. Mir wird schon ganz schummerig. Wie kann sich Mariechens Kleid ohne sie entfalten? Ich werde mein Bestes tun.

(Nikolas will abgehen)

(Kilian tritt auf)

(Nikolas und Kilian laufen dabei zusammen)

Kilian: Das nenne ich Antrieb. Wirst Du Deinen Platz jetzt alleine finden?

Nikolas: (erfreut und überzeugt) Ja, das werde ich.

Kilian: Du kannst noch ein bisschen bleiben.

(winkt) Zumindest ein paar Stunden, bis der Nachmieter folgt.

Nikolas: (küsst Kilian) Das ist von Mariechen. Sie sagt schönen Dank.

Kilian: Oh, nicht küssen. Das muss ja jetzt nicht sein.

(Nikolas will abgehen, kommt zurück und gibt Kilian einen Brief)

Nikolas: Dieser Brief ist für Dich.

Kilian: Ich will jetzt keinen Brief. Habe schon genug Post gelesen.

Nikolas: Nimm ihn, er bedeutet mir viel.

Kilian: Was steht denn drin?

Nikolas: Ich habe ihn nie geöffnet.

(Nikolas geht ab)

Johanna: Der ist schon offen. Kannst ganz leicht hineinschauen.

Kilian: Aber nicht jetzt. Das passt doch gerade nicht. Das könnt Ihr Euch wegschminken.

Jonathan: Ab-. Der Brief ist dünn. Das lässt sich schnell erfassen.

(fasst sich an den Kopf) Mann, wie das drückt.

Kilian: Och, nö…

(wiederholt und variiert)

Leopold: Ich kann Dir den auch vorlesen.

Kilian: Nein. Der ist doch für mich.

Johanna, Jonathan, Leopold: Na, dann lies ihn doch.

Kilian: Ich stelle ihn erstmal hierhin. Darum werde ich mich später kümmern. Hier war früher mal eine…

Johanna: Ponyweide

Leopold: Sporthalle

Jonathan: Zirkus

(Kilian reagiert auf „Zirkus" am stärksten, hält plötzlich einen übergroßen Brief in der Hand; hängt diesen an die Wand)

(zeigt auf den Rahmen) Ist die Folie straff, bevor Dein Tief aufzieht?

Jonathan: Das hält schon noch. Ich wünschte, ich wäre höher, dann kann der Sturm mich wegtragen, wie einen Vogel, den es voranstrebt.

(fasst sich wieder an den Kopf und dann schmerzverzerrt)

(Licht aus)

(Musikeinsatz)

(Jonathan geht ab)

(Johanna geht ab)

(Leopold geht ab)

(Cedrik tritt auf)

(Licht an)

(Musikeinsatz endet)

(Kilian spielt Golf; eine Scherbe zerbricht)

(Toneinsatz)

Cedrik: (empfindlich) Gibt es eigentlich so etwas wie eine Auswahl? Ich meine, es ist schon die dritte Wohnung in der letzten Stunde und meine Fragen werden immer kürzer. Ich konzentriere mich auf Quadranten oder Sektoren, je nachdem, wie man die Gebiete aufteilt. Wie ein innerer Kompass, der mir genau zeigt, wo ich hin muss. Da schafft man einfach mehr und es geht trotzdem in die Beine und…Flügel. Vielleicht liegt es auch an meiner Haltung.

Barfuß ohne Socken war nicht mein Ding. Ich habe es mit Beinpendeln versucht, das lockert die Muskulatur.

Haben Sie noch eine Wohnung frei?

(Kilian schaut Cedrik, der ein Bein pendelt, verwundert, fast hypnotisiert an)

Cedrik: Ein Zimmer?

Kilian: Vielleicht noch eine Kammer, ein winziges Nest.

(Kilian imitiert wieder die Amöbe und kitzelt Cedrik, der gerade auf einem Bein steht)

Cedrik: (kichert kurz) Das ist gut, das klingt nach Erfolg. Nimmst Du den Namen auf? Bin Cedrik.

Kilan: Das ist egal.

Cedrik: Wo kann ich unterschreiben?

(Cedrik macht einen Kussmund)

Kilian: Nicht küssen.

(Cedrik fängt an zu würgen und andere Laute von sich zu geben)

Kilian: Was ist denn los?

Cedrik: Ich habe etwas im Hals. Das nicht heraus will.

Kilian: Ich dachte, Sie wollen herein. Ich zeige Ihnen das Abteil. Etwas hellhörig. Das stört Sie doch nicht?

Cedrik: Nein. Das ist egal. Das Vogelgezwitscher im Frühling lenkt ab. Jetzt ist es tot. Etwas Freiraum für die Beine wäre schön.

Kilian: Es ist eine Kammer, wie eine Koje. Ein Nest. Aber der Preis ist wie ein Palast.

Cedrik: Ich habe verstanden. Es geht auch ohne Betonung.

(würgt wieder) Es will einfach nicht herauskommen.

Kilian: Dann komm mal rein in die gute Stube.

(Licht aus)

(Musikeinsatz)

(Kilian geht ab)

(Cedrik geht ab)

(Nikolas tritt auf)

(Johanna tritt auf)

(Tizian tritt auf)

(Licht an)

(Musikeinsatz endet)

Johanna: Du warst so schnell weg. Bist Du Tomasz?

Tizian: Nein, ich bin gerade eingezogen.

Johanna: Das beantwortet meine Frage nicht.

Tizian: Habe doch gerade gesagt, dass ich nicht Tomasz bin. Ich bin Tizian. Mein Name wie ein rotes Tuch, das unter der Kleidung getragen wird.

Johanna: (klatscht in die Hände) Warum sind hier alle so aggressiv? So übermotorisch? So völlig neben der Rolle. Es ist Winter und da wird nicht gebalzt.

(Tizian springt in die Arme von Nikolas)

Tizian: Ich habe die Wohnung direkt hinter der anderen. Ziemlich eng und wenn die Türen offen sind, fühle ich mich einen Moment lang geborgen.

Johanna: Und was machst Du wieder in seinen Armen?

Tizian: Bin so schreckhaft.

Johanna: Seit wann? Er ist kein Vogelhaus.

(Tizian steht auf eigenen Füssen)

Tizian: Eine lange Geschichte und hat mit meinen Freunden zu tun.

(Tizian läuft auf der Stelle)

Johanna: Tolle Freunde. Das will ich jetzt genau wissen. Andeutungen bringen mich in Rage. Dann beiß ich mich fest…

(Tizian springt erneut in die Arme von Nikolas, der ihn verhalten beschützt)

…was ist jetzt schon wieder?

Tizian: Bin so scheu wie ein Kuckuck. Mag lieber frei sein und mich entfalten. Lass die Finger von meinen Federn. Morgen bin ich vielleicht schon voller Mut.

Nikolas: Dann flieg mal weg.

(lässt Tizian herab)

Ich will allein sein.

Johanna: Soll ich gehen?

Nikolas: Nein.

(Tizian geht ab)

Johanna: (zu Tizian) Kann ich Dich wiedersehen?

(Tizian kommt zurück und will Johanna küssen)

Johanna: Nicht küssen.

(Tizian will abgehen)

(Johanna schlägt Tizian auf das Gesäß)

(Tizian geht erschrocken ab)

(Licht aus)

(Musikeinsatz)

(Jonathan spielt dazu Schlagzeug im Verborgenen)

2. Szene

(Licht an)

(Johanna tanzt)

(Nikolas tanzt)

Nikolas: Hat Dir das Kleid gefallen?

Johanna: Ja, es steht Dir. Es macht Dich schlank.

(Musikeinsatz und Schlagzeug enden)

Nikolas: Es muss mir nicht stehen. Ich bin schlank und habe Dich nur gefragt, ob es Dir gefällt. Also, gefällt es Dir?

Johanna: Es ist schön, nur…

Nikolas: Was nur? Habe ich Dich nach Deiner Meinung gefragt? Es geht nicht darum, ob es Dir gefällt, sondern ob es Dir gefällt. Ich bin schon wieder so traurig. Marie hat mich auch nie verstanden. Wenn sie böse auf mich war, hat sie stundenlang aus dem Fenster geschaut und kein Wort gesprochen.

(fasst den Stoff von Johannas Kleid an) Ist das Seide?

Johanna: Nein.

Nikolas: Bist Du sicher? Nie durfte ich sie anfassen, nicht einmal die Schale. Aber da ist schon Seide drin.

Johanna: Nicht eine Faser. Willst Du von Marie erzählen?

Nikolas: Du kennst sie doch gar nicht.

Johanna: Ich dachte, wir lernen uns ein bisschen kennen.

Nikolas: Und dann läufst Du eines Tages davon. Das kenne ich doch. Aber, sag einmal. Schläfst Du nachts bei geschlossenem Fenster?

Johanna: Nein. Nie.

Nikolas: Und im Winter?

Johanna. Nein. Im Sommer nicht und im Winter nicht. Und im Frühling nicht und im Herbst nicht.

Nikolas: Und zwischendurch?

Johanna: Was meinst Du?

Nikolas: War ein Scherz. Ein Witz. Eine Komödie. Das Mariechen lachte nie, wenn ich mit ihr alleine war. Einmal machte ich einen Vogel nach und stieg dabei auf einen Stuhl. Sie schaute mich nur an, mit ihren großen Augen und sagte einfach nichts. Ich bin schon wieder so traurig. Du solltest jetzt gehen, damit ich Dich mit meiner Trauer nicht anstecke. Gibst Du mir einen Kuss?

(Jonathan tritt auf)

(Jonathan faltet einen Papiervogel)

Johanna: Ich hatte einen anderen Plan.

Jonathan: Was Dir fehlt ist Gespür. Kannst doch nicht einfach losküssen. Wenn das jeder machen würde.

Nikolas: Es ist immer dasselbe. Kaum ist die Nähe da, ist sie auch wieder fern. Ich kann Dich auch nur kurz küssen, dann spürst Du es fast gar nicht.

Johanna: Nein. Nicht küssen. Sonst schreie ich.

Nikolas: Nicht schreien. Dann wird das Mariechen noch wach.

Jonathan: Siehst Du, jetzt schreit sie auch noch. Du vertreibst mit dem Geschrei die Vögel, bevor sie zum Flug bereit sind.

(Jonathan geht ab)

Johanna: Willst Du nun von Marie erzählen?

Nikolas: Du kennst Sie doch gar nicht.

(Musikeinsatz)

(Nikolas geht ab)

(Nikolas verschließt den Kubus mit einem der beiden Flügel)

(Leopold tritt im Verborgenen auf)

(Leopold entfernt Stuhl, Kleid sowie Taschen und verlegt Kunstrasen in dem verschlossenen Kubus)

(Kilian tritt auf)

(Kilian bringt Johanna ein Tütü und will sie dabei küssen. Sie lehnt ab und gibt ihm Geld)

(Kilian geht ab)

(Johanna zieht sich das Tütü an)

(Musikeinsatz endet)

(Johanna spricht durch die von Kunststofffolie bespannte Wand)

Johanna: Ich bin jetzt da. (wartet darauf, dass Leopold sie sieht, der nicht da ist) Siehst Du mich? Du
hast gesagt, dass Du mich spüren kannst, wenn ich
in der Nähe bin. Vielleicht sieht es für Dich zu al-
bern aus, aber ich habe das gefunden. Gleich dort
hinten. Es gefällt mir. Da ist eine große Auswahl.
Wie Federn verschiedenster Art.

Sag doch etwas. Vorhin kam ich nicht zu Wort.
Willst Du es jetzt wieder gutmachen? Das ist nett.
Zeigst Du mir nun Deinen Rasen? Kannst Du eine
Feldlerche von einem Kiebitz unterscheiden? Klar,
das kann jeder. Für den einen ist es nicht kalt genug,
für den anderen wäre es hier zu trocken. Die Lerche
rollt, trillert und zirpt im Singflug und das ganz
rhythmisch. Versuchs doch mal, dann weiß ich, Du
bist da. (Pause) Wenn Du den Ton nicht exakt triffst,
ist es auch nicht schlimm. Ich bin da nicht so genau.
Es sind beides Zugvögel. Vielleicht sind sie schon
längst in der Luft, dann kannst Du die Laute auch
nicht wissen.

(versucht einen leichten rhythmischen Pfeifton und
deutet dabei auf den Brief)

Was denkst Du zu dem Brief? Weißt Du was? Wenn
Du Dich nicht zeigen willst, mache ich den Brief
jetzt auf und dann kommst du schon aus Neugier
aus Deinem Versteck angeflogen mit Deiner blon-

den Haube. Ich werde ihn öffnen. Bin jetzt kurz davor. Kannst noch rechtzeitig landen. Was ist jetzt? Mache ernst, das kannst Du glauben. Oh, es zieht mich hin, es zieht mich weg. Was machst Du nur mit mir? Habe jetzt fast selbst den Drang wegzufliegen, um der Neugier zu entkommen, die ich von Dir erwartet habe. Ich komme mir in dem Tütü auch gerade so dumm vor. Wie eine Stadttaube, die sich zum Zugvogel aufspielt.

(Johanna will das Tütü ausziehen und ist sich des Briefes bewusst)

(Jonathan tritt auf)

(Kilian tritt mit Brief auf)

(Johanna wie versteinert)

(Johanna unterstützt die beiden jeweils bei der Briefübergabe, ohne dass sie bemerkt wird)

Jonathan: Ich habe Angst.

Kilian: Wovor?

Jonathan: (nimmt den Brief) Dass Du den Brief liest.

(Jonathan übergibt den Brief an Kilian)

Kilian: Wie kannst Du Angst vor etwas haben, dass Du nicht kennst?

(Kilian übergibt den Brief an Jonathan)

Jonathan: Er ist nicht verschlossen.

(Jonathan übergibt den Brief an Kilian)

Kilian: Dann hast Du ihn gelesen, obwohl er an mich gerichtet war?

(Kilian übergibt den Brief an Jonathan)

Jonathan: Nein.

(Jonathan übergibt den Brief an Kilian)

Kilian: Kennst Du den Inhalt?

(Kilian übergibt den Brief an Jonathan)

Jonathan: Ja.

(Jonathan übergibt den Brief an Kilian)

Kilian: Ich verstehe kein Wort. Nikolas hat mir den Brief übergeben.

(Kilian übergibt den Brief an Jonathan)

Jonathan: Das stimmt.

(Jonathan übergibt den Brief an Kilian)

Kilian: Ja und? Er hat mir seinen verfassten Brief übertragen.

(Kilian übergibt den Brief an Jonathan)

Jonathan: Nein. Das hat er nicht. (fasst sich an den Kopf) Diese Schmerzen.

(Jonathan übergibt den Brief an Kilian)

Kilian: Was hat er dann?

(Kilian übergibt den Brief an Jonathan)

Jonathan: Es ist Mariechens eigenhändig geschriebener Brief. Mach ihn auf.

(Jonathan übergibt den Brief an Kilian)

Kilian: (ängstlich) Nein. Er ist offen.

(Kilian übergibt den Brief an Jonathan)

Jonathan: Er ist für Dich. Du sollst ihn lesen.

(Jonathan übergibt den Brief an Kilian)

Kilian: Nikolas übergibt mir Mariechens Brief?

Jonathan: Ja.

Kilian: Er kann ihn doch selbst lesen.

(Kilian will den Brief an Jonathan übergeben; Jonathan lehnt ab)

Jonathan: Das will er nicht.

Kilian: Dann behalte Du ihn doch, wenn Du den Inhalt schon kennst.

(Kilian will den Brief an Jonathan übergeben; Jonathan lehnt ab)

Jonathan: Das kann ich nicht. Ich ahne, was in dem Brief steht. Lies Du ihn für mich.

Kilian: (verärgert) Das hat Zeit.

(Kilian hängt den Brief wieder an der Wand auf)

(Licht aus)

(Musikeinsatz)

(Jonathan geht ab)

3. Szene

(Leopold öffnet den Flügel wieder und es wird ein grüner Raum mit Rasen sichtbar)

(Licht an)

Kilian: Der Heilige Vater, die bescheidene Johanna, der zerrüttete Leopold, der sich ängstigende Tizian, sorgt Euch nicht um Euer Wohl in der Stadt. Anstatt zu verzweifeln, offenbart Eure Sünden. Ich bin da, wenn Ihr mich braucht. Don't hesitate to contact me. But not yet...Der Heilige Vater.

(Kilian geht ab)

(Die Rückwand des Raumes ist grün beleuchtet)

(Leopold auf dem Rasen, in Lederhosen, ohne Hemd)

(Johanna tritt hinzu)

(Johanna berührt spielerisch seine Brust)

Johanna: Hast Du mich nicht bemerkt?

Leopold: Doch, doch. Du bist ja ganz nah.

Johanna: Als ich Dich bat, den Zugvogel zu imitieren, hast Du mich da bemerkt?

Leopold (Dialekt): (ignoriert die Aussage) Klar, Wald, Alm, Wiesen, soweit Du schauen kannst, gestochene Berge, Rauher Fels, porzellanes Gestein. Seen so tief, dass Du Dich darin verlierst. Kann man sich vorstellen, nicht wahr? Schön, dass Du da bist. Greif ruhig gehörig zu. Es ist genug da.

(Klar, Woid, Oim, Wiesnn, soweid Du schaun kannst, gstochene Beag, Rauha Fels, poazellans Gestoa. Sen so diaf, dass Du di darin valiarst. Konn ma si voastäin ned wahr? Schee, dass Du do bisd. Greif ruhig gehörig zua. 's is genug do.)

Johanna: Das ist so künstlich.

Leopold (Dialekt): Ist es nicht schön?

(Is 's ned schee?)

Johanna: Doch schon. Ich kann mir die Berge ersinnen.

(Tomasz tritt auf)

(Tomasz zunächst unterwürfig)

Tomasz: Ein Sturm ist angekündigt.

(Leopold und Tomasz begrüßen sich beiläufig und nehmen sich Zeit dafür)

Leopold: (währenddessen) Ich hab es gewusst. Die Berge haben es erzählt. Ich sage immer: Wenn Du alles richtig deutest, bist Du später nicht überrascht oder enttäuscht.

Johanna: Welche Berge? Wo ist Deine Mundart geblieben?

Tomasz: Du hast sie doch gerade schon gesehen. Stell es Dir halt vor. Streng Dich innig an.

Johanna: Du bist Tomasz, der mit den Füssen.

Tomasz: Ich habe fast drei Jahre im Süden gelebt…und bin unentwegt herumgelaufen mit meinen Füssen. Ich mag sie nicht, aber ohne sie geht es nicht.

Johanna: Wie hat es Dir gefallen?

Tomasz: Ich habe sie nicht verstanden und sie haben mich nicht verstanden. Was ich verstanden habe, war die Natur.

Johanna: Was meint er?

Leopold: Dann ist ja alles gut. Tomasz ist Pole. Leg Dich zu uns.

Johanna: Ich dachte, wir können allein…

Leopold: (Dialekt) Tomasz bring mal zwei Bier. Wir lassen es jetzt mal richtig krachen.

(Tomasz bring moi zwoa Bier. Mia lossn 's 'etz moi richtig krachn.)

(Tomasz geht ab)

Johanna: Ich dachte…

Leopold: Und Du, Johanna, kannst bei mir mittrinken.

(Tomasz erscheint mit zwei großen Gläsern voller Bier)

Tomasz: (nennt eine polnische Biermarke) Das ist Żywiec.

Leopold (nimmt direkt einen ganzen Schluck vorweg und ist sofort leicht betrunken): Auch gut. Prost. Tomasz. Was heißt Wiese auf Polnisch?

Tomasz: (übersetzt das Wort Wiese) Łąka.

Leopold: Das klingt besonders.

(Dialekt) Und Wiesnnkräuta? (Hochdeutsch) Ich meine: Wiesenkräuter?

Tomasz: (übersetzt das Wort Wiesenkräuter) Rośliny łąkowe.

Leopold: Ihr Polen seid schon merkwürdig. Darauf trinke ich. Erzähl doch mal, was Dich an den Wiesen reizt.

(Tomasz zögert und nimmt nur einen kleinen Schluck)

Leopold: (Dialekt) Was ist los, Tomasz? Fang schon an. Johanna wartet schon.

(Wos is los, Tomasz? Fang scho an. Johanna wartet scho.)

Johanna: Das muss ja jetzt auch nicht sein.

Leopold: Und ob das sein muss. Tomasz, ich warte.

Johanna: Ich möchte gehen. Vielleicht sollte ich eine Schürze tragen.

Leopold (hält sie zurück): Ich mache es auch ohne Schürze. Du hörst Dir das jetzt an. Tomasz, nun mach schon. Oder stehst Du Dir mit Deinen Füssen selbst im Wege? Ich kann sie Dir wegreißen. Damit kenne ich mich aus. Was reizt Dich an den Wiesen? Ist es nicht schön? Weißt Du, Tomasz. Du könntest mein Sohn sein. Aber dann würdest Du mich verlassen.

(Leopold fällt hin)

Verdammt, tut das weh. Was Du mir antust. Nimmst mir die Heimat.

(Dialekt) Die heilige Marie, der verträumte Nikolaus, die zerstreute Johanna, der treue Tomasz, der scheue Tizian, der leidvolle Jonathan, verdammt sind die Sünder.

(De heilige Marie, da vaträumte Nikolaus, de zastreite Johanna, da dreie Tomasz, da scheie Tizian, da leidvoie Jonatho, ze fix san de Sindr.)

Tomasz: Auf Raureif belasteten Wiesen treiben Wetter schneegestüm übers Land.

Leopold (angetrunken und plötzlich Hochdeutsch): Das hast Du schön gesagt.

(Leopold will Johanna küssen)

Johanna: Oh, nicht küssen.

Leopold: Ich fühle mich wie eine Jungfrau, die zu einem Kinde kommt.

Leopold (zu Tomasz): Erzähl weiter.

Tomasz: Es bricht schon fast die eisbehangenen Äste, die auf den Wiesen niederknien.

Leopold (stärker betrunken): Du bist immer auf meinem grünem Rasen willkommen. Komm mal her.

(Leopold will Tomasz küssen, der es abwehrt)

Tomasz: Nicht küssen. Nicht einfach ist es der Natur zu folgen. Auf stetigen Wäldern und Wiesen komm ich an.

Leopold: Ich zeige Dir Wiesen an Orten, die Du Dir nicht erträumen kannst. Als ich so groß war (deutet seine Körpergröße als Kind an) zog man mich an einer Hand, wie einen Papierdrachen, den man aufsteigen lässt, den Hang hinab. Immer schneller. Ich warf mich hin. Ich warf mich einfach hin. „Was tust Du da?" wurde ich gefragt und geschüttelt, bevor man mir die Antwort herausprügelte. Wenn man mir die Heimat nimmt, lass ich mich fallen und habe einen Moment lang mehr. Einen Moment mehr, um es zu begreifen. Dann richte ich mich auf und stelle mich entgegen. Ich lass mich doch nicht wegziehen und meiner Träume berauben.

Morgen gehe ich zum Boxen, ob nun saftige Wiesen oder nicht.

(zu Tomasz) Was ist mit Dir?

Johanna: Ich muss jetzt los.

(Leopold gelingt es Johanna kurz zu küssen)

(Johanna berührt Leopold, der nicht reagiert)

Leopold: (zu Tomasz) Bist Du zum Boxen da? Sag schon.

Tomasz: Vielleicht bin ich da.

(Tomasz geht ab und berührt beiläufig Johanna)

Johanna: (zu Leopold) Ziehst mich an und lässt mich längs liegen. Deine Wiesen vertrocknen rasch. Kann ich wiederkommen? Ich will die Berge noch verstehen.

Leopold: (mit seinem Körper beschäftigt und beiläufig) Welche Berge?

(Johanna geht enttäuscht ab)

(Leopold springt auf und wickelt sich in schwarze Folie ein)

Ist sie weg? Weggeflogen wie ein Storch? Gestern nennt Sie mich Kranich und heute Kiebitz oder Lerche. Dann kann ich sicher sein, dass sie nicht so gleich zurückkehrt und mir ein Kind offenbart. Das habe ich schon einmal zurückgelassen. Es ist kalt und ich wünschte mir, ich hätte ein Federkleid. (zählt an den Fingern ab) Johanna, Marie, andere Namen habe ich längst vergessen. Was lockt Ihr mich? So wie es nur die Natur vermag. Schön im Geben und gnadenlos in der Abrechnung, wenn man ihr nicht entspricht.

(Cedrik tritt auf)

Leopold: Wer ist da? Willst Du boxen?

Cedrik: Ich kann nicht schlafen. Und zum Messen bin ich zu müde.

Leopold: Dann komm her und lass uns gemeinsam träumen.

(Leopold wickelt Cedrik und sich in die Folie engumschlungen ein)

Cedrik: Wovon? Hörst Du das Knistern?

Leopold: Das ist mein Gefieder. Es baut sich auf. Soll ich Dir von meinem Makel erzählen?

Cedrik: Einen Makel, Du? Nur zu. Habe Zeit und kann eh nicht schlafen.

Leopold: Kennst Du Marie?

Cedrik: Alle reden von ihr und ich kenne sie nicht einmal.

Leopold: Ich kenne sie auch nicht und war so eng mit ihr.

Cedrik: (will weggehen) Ich muss schlafen.

Leopold: (zieht Cedrik an sich heran) Ich dachte, Du kannst nicht. Bleib. Marie hat mich betrogen.

Cedrik: Das habe ich schon mal gehört.

Leopold: Dass sie mich betrogen hat?

Cedrik: Nein, das ihr das vorgeworfen wird. Nicht nur von Dir. Ich habe etwas im Hals.

Leopold: Komm, ich schlage Dir auf den Rücken.

(Leopold schlägt Cedrik auf den Rücken)

Cedrik: Kräftiger.

(Leopold schlägt erneut zu)

Cedrik: Es will nicht raus.

Leopold: (greift nach dem Hals von Cedrik) Wo steckt es denn?

Cedrik: Ganz tief im Inneren.

Leopold: Soll ich die Finger nehmen?

Cedrik: Das ist unangenehm.

Leopold: Die Zunge?

Cedrik: Nicht küssen.

(Licht aus)

(Musikeinsatz)

(Leopold bleibt unter der Folie und gestaltet eine Landschaft)

(Jonathan tritt auf und unterstützt verborgen dabei)

(Cedrik geht ab)

(Tizian tritt auf)

(Tizian geht vor und zurück, nach oben und nach unten)

(Nikolas tritt auf)

Nikolas: (zu Tizian) Du bist ganz außer Atem.

(Musikeinsatz endet)

Tizian: Lass mich. Wer sich bewegt, erträgt die Enge besser. Du solltest es auch einmal versuchen. Ich muss noch mein Zimmer räumen.

Nikolas: Meines wird bald frei.

Tizian: Das ist schon vergeben. Der Nächste hat nicht lange gewartet und der Sturm zieht auf.

Nikolas: Welcher Sturm?

Tizian: Wie arglos Du bist. Hast ihn doch selbst kommen sehen. Ich muss los.

Nikolas: Es lässt sich schon etwas finden. Wir bleiben einfach hier.

Tizian: Das können wir nicht. Duck Dich.

(Jonathan und Leopold tauchen eng unter der Folie auf, beobachten und fühlen mit)

Jonathan: Abtauchen bringt da gar nichts. Denk nur einen Augenblick nach, Nikolas. Da werden die Federn nass und dann kommt die Katz. Sich gegenseitig festhalten, beschützen, zusammenraufen…

Leopold: …und nochmal festhalten, beschützen, zusammenraufen…

Jonathan: …und dann auf und davon. Das ist der Weg.

(Tizian springt Nikolas auf den Arm)

Tizian: Es wird knapper und knapper. Ich lass mich vom Wind noch tragen, aber was ist mit Dir?

Nikolas: Kein Sturm ist stark genug, um mich hier wegzuziehen.

Tizian: Das denkst Du. Mach Dich auf. Bevor es zu spät ist und die neuen Nester andernorts schon verbaut sind. Einen Ball kannst Du mit voller Kraft zusammendrücken und in eine neue Form bringen. Wie lange schaffst Du das? Wer wird gewinnen? Rede mit mir.

Jonathan: Ein Bauch, zwei Flügel machen noch keinen Vogel. Wenn der Kopf fehlt, kann er weder fliegen noch lenken. Spiegel Dich in der Folie, dann siehst Du, ob Du fliegen kannst.

Leopold: Ja, schau hinein und sag, was Du entdeckst.

Nikolas: Ich kann mich in der Folie nicht sehen. Sie ist blind.

Jonathan: (fasst sich an den Kopf) Wie das drückt.

Tizian: Wie töricht Du bist.

(Nikolas setzt Tizian ab)

Nikolas: Jetzt will ich Dir mal etwas sagen. Mein Mariechen war wie Du. Wollte immer etwas Anderes. Alles war ihr nicht gut genug. Ich habe sie festgehalten und gefüttert. Gestreichelt und umsorgt. Geschätzt und geküsst.

Tizian: Nicht küssen. Wie willst Du einen wie mich festhalten?

Nikolas: Ich baue Dir einen Käfig. Das wird Dir helfen.

Tizian: Da rutsch ich durch die Stäbe durch.

Nikolas: Dann mache ich sie enger.

Tizian: Da schlage ich gegen.

Nikolas: Dann mach ich sie stärker.

Tizian: Da werfe ich sie um.

Nikolas: Dann mache ich ihn aus Stein.

Tizian: Das wird nicht standhalten. Der Sturm, so stark. Ich lass mich von ihm treiben.

Nikolas: (will Tizian festhalten) Bleib hier.

Tizian: Soviel Kraft hast Du nicht. Komm mit.

Jonathan: Das ist doch mal eine Ansage. Klar und deutlich. Es gibt keinen Grund zu zögern.

(Tizian geht mit Jonathan, Leopold und Folie ab)

Nikolas: Ich gehe nicht mit. Niemals verlasse ich den Ort, wo ich meine Zeit mit Marie verbrachte. Marie? Bist Du da? Ich habe doch recht, oder? Wir bleiben hier. Hier in der Manege, wo Du jeden Abend aufgetreten bist. Das ist Dein Zuhause. Marie? Wieder schweigst Du und lässt mich allein. Bist einfach fortgeflogen ohne ein Wort. Zugvögel kehren zurück. Wann kommst Du wieder heim?

(Licht aus)

(Musikeinsatz)

(Nikolas geht ab)

(Nikolas verschließt mit beiden Flügeln den Kubus; es entsteht eine Spitze)

4. Szene

(Licht an)

(Johanna tritt auf)

(Johanna versucht durch die Folien zu schauen)

(Kilian tritt auf)

(Kilian überrascht Johanna und erschrickt sie)

Kilian: Die Luft ist rein. Na, schon flügge geworden?

(Musikeinsatz endet)

(ordnet die Folie wieder) Es muss alles ordentlich sein, sonst zieht niemand ein.

Johanna: Die kriegst Du auch so. Kannst nichts Rechtschaffendes machen?

Kilian: Was soll das bedeuten? Ich gebe jedem eine Möglichkeit zum Wohnen.

Johanna: Wen trifft es als Nächstes? Mich ja wohl auch und Tizian, Nikolas müssen ausziehen. Die können das gar nicht mehr bezahlen.

Kilian: Wenn sie sich verkleinern, können sie bleiben. Eine Weile wenigstens. Gebe Dir doch nicht den ganzen Arm und Du nimmst Dir nur die Hand.

Johanna: Und dann?

Kilian: Was soll ich denn machen? Sag es mir doch. Ich könnte Zirkusdirektor sein oder Tauben aus einem Hut hervorzaubern, Ponys herhalten, die sich von Kindern streicheln lassen. Das waren meine

Träume. Ich bin auf der Suche nach dem wahren Kern. Wie ein Eichhörnchen. Der Zirkus war weg und die Ponyweide auch. Was mir blieb waren Schulden und ein paar möblierte Zimmer zum Vermieten. Manche sogar mit Ausblick zum Hof. Damit lässt sich verdienen, wenn man die Fläche nutzt.

(Johanna geht ab)

(Tizian tritt auf)

(Tizian springt Kilian auf den Arm)

Tizian: Der kleine Sportplatz ist nicht mehr da.

Kilian: Dafür habe ich eine andere Verwendung. Du kannst unter der Dachschräge spielen oder im Keller neben dem Verschlag.

(Tomasz tritt auf)

(Tizian springt vom Arm herab)

Tizian: Das mache ich. Ich werde es Euch noch zeigen. Wo ist mein Spielzeug?

(Johanna tritt auf mit einem Ball)

Johanna: (zu Tizian) Wolltest Du mir nicht noch Deine Geschichte erzählen?

Tizian: Vielleicht später. (Pause) Weißt Du, welche Macht ein Ball haben kann?

Johanna: Verstehe Dich nicht.

Tizian: Es ist einfach für Dich nicht zu verstehen. Ist es Deine Masche, die es sich aufzutrennen lohnt?

Etliche ziehen durch die Länder, um den Erfolg zu sehen. Gib mir lieber die Kugel, dann beweise ich Dir, wie Scharen durch den Köder angelockt ziehen. Ich jedenfalls suche das weite Feld, als das angestaubte Lager zu belassen.

Johanna: Komm mal her. Du gefällst mir mit Deiner scheuen Art. Spring mir doch mal auf meinen Arm.

Tizian: (nimmt sich den Ball) Was lockst Du mich? Hältst mir das Futter hin und dann schnappt die Falle zu. Warst Du mal im Süden?

Johanna: Nein, ich habe mich nie bewegt.

Tizian: Lass Dich nicht gehen.

(Tizian geht ab)

(Tomasz isst Weintrauben, dabei spuckt er die Steine aus)

Tomasz: (sieht Johanna): Wie alt bist Du?

Johanna: Was soll die Frage?

Tomasz: Was verstehst Du daran nicht? Dummer Einstieg, ich gebe es zu. Ich bin um die 27 und Du bist so in etwa 40.

Johanna: Na, hör mal.

Tomasz: Es ist egal, wie alt man ist. Meine Zeit läuft bald ab.

Johanna: Bist ein komischer Vogel. Was fehlt Dir denn?

Tomasz: (zieht Johanna unerwartet an sich nah heran) Eine dauerhafte Bleibe.

Johanna: Wohnst Du auch hier?

Tomasz: Gleich nebenan, den Rasen kann ich mitnutzen und nur noch eine Woche.

Johanna: Und dann?

Tomasz: Muss ich weiter.

(Tomasz lässt Johanna wieder los)

Johanna: Wohin mit Deinen Füssen?

Tomasz: Wohin mich der Wind treibt und irgendwo unter freiem Himmel. Komm doch mit. Wann läuft Deine Miete aus?

Johanna: Ich wollte schon eine Weile...

Kilian: Am Ende des Monats.

(winkt) Und das ist schneller als erwartet.

Johanna: Gerade eingezogen und schon wieder auf gepackten Taschen.

Kilian: Die Freiheit des einzelnen endet da, wo das Kollektiv beeinflusst wird.

(Johanna irritiert)

Johanna: Was?

Kilian: Ja, ja. Das ist so. Atme durch und schau voran. Es soll ein Sturm kommen. Da ist es besser, das Weite zu suchen.

Tomasz: Dann lass Deine Koffer doch gleich gepackt und komm mit mir mit. Dann stört es auch dem Kollektiv nicht.

Kilian: Quack, quack, quack…

(Kilian geht ab)

Johanna: Nein. Du bist mir fremd.

Tomasz: (bietet Johanna eine Weintraube an) Willst eine?

Johanna: (nimmt diese entgegen) Ganz süß.

Tomasz: Wie heißt das Zauberwort?

Johanna: (etwas verärgert) Du Vogel. Ich habe heute Geburtstag.

Tomasz: Nennst mich polnische Gans? Dann kriegst Du noch eine (steckt Johanna eine Weintraube in den Mund).

Johanna: Die sind aber auch süß. Hast Du nicht gehört, ich habe Geburtstag.

Tomasz: Doch, doch. Ich kann dir einige als Geschenk verpacken, in einem Karton mit Schleife und so.

Johanna: Ich habe für mich gestern Pralinen gekauft, aus Sorge, an meinem Jahrestag allein zu sein. Die waren richtig versteckt. In einer schönen Kiste mit Blumenornamenten, in Plastik verschweißt. Als das ganze Zellophan weg war, lies sich die Schachtel öffnen. Und dann waren vier Abteile nochmal separat in Folie verhüllt: Sommer, Winter, Herbst und Frühling. Jeweils zwei winzige Pralinen nach Jahreszeit in dieser großen Verpackung. Jedes Stück erneut in Papier und unterschiedlichen Farben. Ich wollte sie gar nicht mehr entkleiden, weil der Inhalt der geschmückten Fassade nicht mehr standhalten wird.

Tomasz: Was willst Du mir damit sagen? Dass Dir meine Verpackung nicht gefällt? Süßes magst Du, aber nur versteckt? Ich bin kein Singvogel, dem Du zuschaust, wenn es Dir gefällt. Pack aus und lass die Schachtel Schachtel sein.

(Johanna will Tomasz eine Ohrfeige geben, dieser wehrt ab)

Tomasz: Was ist? Kommst Du mit?

(Tizian tritt auf)

Tizian: (läuft auf der Stelle) Jederzeit. Wann wollen wir starten?

Johanna: Du bist nicht gemeint. Spring mir bloß nicht auf den Arm.

(Tizian geht ab)

Johanna: Lieber folge ich einem Schwarm Mauerseglern, die sich nicht gleich verausgaben oder Rauchschwalben, die keine Verneblung im Sinn haben.

(Tomasz geht ab)

(Nikolas tritt auf)

Nikolas: (energisch) Zieh das aus.

(Johanna ist irritiert)

Nikolas: Zieh das aus.

(Nikolas will Johanna das Tütü herunterreißen)

(Jonathan tritt auf)

Jonathan: (ebenso energisch) Lass es an.

(Jonathan verhindert es)

Nikolas: Es gehört Dir nicht, also zieh es aus.

(Nikolas will Johanna das Tütü erneut herunterreißen)

Jonathan: Du lässt es an.

(zu Johanna): Wie kommst Du überhaupt dazu es auszuziehen? Es steht Dir doch.

Johanna: Das wollte ich doch gar nicht.

Nikolas: (zu Johanna) Ich will nicht, dass Du es trägst. Es ist nicht Deins.

(Nikolas will Johanna das Tütü erneut herunterreißen)

Jonathan: (zu Nikolas) Dir gehört es auch nicht.

(Jonathan verhindert es)

Nikolas: Das habe ich auch nicht behauptet.

Jonathan: Willst Du es jetzt anziehen?

Nikolas: Nein.

Jonathan: Was dann?

Nikolas: Es zurücklegen, wo es hingehört.

Johanna: Das hatte ich vor.

Nikolas: Wann?

(Nikolas will Johanna das Tütü erneut herunterreißen)

Jonathan: Das hat doch Zeit.

(Jonathan verhindert es)

(Johanna schreit)

Nikolas: Lass es an.

(zu Jonathan) Du hast Recht, es steht ihr. Immer der Streit mit Dir.

Jonathan: Woher hat sie das überhaupt?

Nikolas: Sie hat es sich einfach genommen.

Johanna: Habe ich nicht, es lag…

Jonathan: (zu Nikolas) Weil Du alles herumliegen lässt.

Nikolas: …um mich zu erinnern. Was stört Dich daran?

Jonathan: (fasst sich an den Kopf) Ich bin vom Übermaß erfüllt. Ich bin krank und will das nicht mehr.

Nikolas: Was hast Du nur? Wenn es Dir zu viel wird, platzt Dein Kopf. Lass mich hier mit Marie sein.

Jonathan: Das fragst Du mich? Das ist nicht Marie. Diese Anhaftung betrübt. Können wir das nicht alles zurücklassen? Die Vergangenheit wirft uns zurück. Es muss doch mal weiter gehen. (fasst sich erneut an den Kopf)

Tomasz: (zu Johanna aus dem Off) Was ist, kommst Du nun mit?

(Musikeinsatz)

(Johanna geht ab)

(Licht aus)

(Jonathan geht ab)

(Nikolas geht ab)

5. Szene

(Der Kubus wird von Leopold gedreht; es wird ein Boxring sichtbar; Kubus und Stellwand bilden eine Ecke, die noch vom Schauspieler zugänglich ist; zwischen beiden werden Seile gespannt)

(Licht an)

(Leopold tritt auf)

(Leopold trägt Boxhandschuhe um den Hals und spannt die Seile)

(Tizian tritt mit Ball auf)

Tizian: Zurückgelassen. Was ist mit mir? Gut, es ist so einfach, mich abzustellen und hinzuhalten. Mich wegzulegen und fallen zu lassen.

(Leopold fällt hin)

Lass mich mitmachen.

Leopold: Das geht nicht.

(fällt hin)

(Musikeinsatz endet)

Tizian: Ich bin stark und werde es Dir beweisen.

Leopold: Soll ich Dich schlagen? Du könnest mein eigen Fleisch und Blut sein.

Tizian: Und wenn ich es wäre. Es ist ein Sport. Ein Wettkampf. Also was ist?

(Tomasz tritt auf)

Leopold: Geh jetzt oder…

Tizian: Oder was? Greifst Du mich dann an?

Leopold: Nein.

(fällt hin)

Tomasz: Dann sperre ich Dich ein.

Tizian: (zu Leopold) Hast Du das gehört? Willst Du mich nicht beschützen?

Leopold: Ich kann das nicht tun und möchte, dass Du jetzt gehst.

(Tizian nimmt seinen Ball und fängt an virtuos zu spielen)

Tizian: Was wollt Ihr jetzt tun? Mich einfangen wie einen Vogel? Dafür seid Ihr nicht schnell genug. Los, versucht es doch einmal. Selbst mein Tanz ist schneller als Eure lahmen Gedanken.

(Leopold und Tomasz bleiben regungslos stehen) Gebt Ihr schon auf?

(zu Tomasz) Wolltest Du nicht schon längst weiter sein? Ich komm mit Dir mit. Was hält Dich noch?

(energisch) Zusammen schaffen wir das. Das ist nicht so weit, selbst wenn Du nicht fliegen kannst. Bist das Laufen gewohnt. Auch ohne Schuhe.

(Tizian tritt ab)

Leopold: Weißt Du was, Tomasz? Ich kann Dich leiden. Du bist so bewandert. So einfühlsam, so…

Tomasz: Ich muss Dir etwas sagen…

Leopold: Lass mich aussprechen. Wo warst Du? Wir waren zum Boxen verabredet, wollte Dir so richtig eine verpassen, obwohl Du mir gefällst. Es war kein anderer da, dem ich es hätte zeigen können.

Tomasz: Der Nebel war noch nicht abgezogen…

Leopold: Genau, deshalb habe ich auch gewartet, weil ich dachte, dass der Dunst Dich freigibt. Nach zwei Stunden war alles klar. Nur mein Freund Tomasz war nicht zu sehen. Das war nicht gut, Tomasz. Ich habe es gebraucht und Du warst einfach nicht da.

Tomasz: Jetzt bin ich ja da. Lass es uns über die Bühne bringen. Wir finden schon ein Plätzchen.

Leopold: Es ist nicht mehr so viel Platz wie früher, als ich noch in der Halle vor Publikum geboxt habe. Alles ist ein wenig enger geworden. Wie unsere verborgene Wiese, auf der wir zusammenliegen, obwohl Deine Füße…Also, ich dachte, er kommt noch angerannt. Aber nein. Kein Tomasz. Kein Boxen. Kein Wettkampf.

Tomasz: Ich kann doch gar nicht…

Leopold: Wenn etwas dazwischen kommt, dann musst Du es mir sagen. Wir sind Nachbarn, aber auch Freunde und da kann man den anderen schon auf einen Engpass vorbereiten.

Tomasz: Ich ziehe aus.

Leopold: Das ist kein Grund, mich warten zu lassen.

Tomasz: Hast Du nicht zugehört? Ich ziehe aus.

Leopold: (streicht Tomasz über den Kopf) Was hat dieser Auszug mit meinem Boxen zu tun?

Tomasz: Das will ich Dir sagen. Jeden Tag werden die Möglichkeiten ein Stück kleiner. Und ich werde nicht abwarten, bis ich nicht mehr atmen kann. Raum ist mir wichtiger als in der Stadt zwischen den Wohnungen eingedrückt zu werden. Dafür will ich bestehen, ohne von Füssen getreten zu werden.

Leopold: Was ist denn los mit Dir? Lass uns boxen, dann kommt alles raus.

Tomasz: Es kommt auch jetzt raus. Hast Du Dir mal überlegt, seit wann wir wie in Etagenbetten jede Bewegung und jeden Ton des anderen spüren? Wann die Knöpfe dem Druck eingeengtem Fleisches nicht mehr entsprechen?

Leopold: Jetzt wird's aber lyrisch…

Tomasz: Wenn jegliche Beweglichkeit zu müde wird.

Leopold: Es wird sich schon richten. Ist ja gut…

Tomasz: Nichts ist gut. Ich will über Wiesen wandern. Nichts Künstliches, was nicht begossen werden muss. Dahin, wo Fitis, Nachtigall und Kuckuck sich nicht nur im Geist erdacht entsprechend ihrer Natur erheben.

Leopold: Was kann ich tun? Ich muss auch gar nicht boxen...

Tomasz: Und keiner wie in Schachteln bald ohne eigene Atmung die Nacht nicht vom Tage zu unterscheiden vermag. Ich bin kein Legehuhn, will Zugvogel sein.

(Kilian tritt auf)

Kilian: Seid mal nicht so hemdsarmseelig.

Leopold: Hemdsärmelig.

Kilian: Nun jetzt ist mal gut. Es ist alles gut. Alles gut. Nun komm mal her.

(nimmt Tomasz in den Arm)

(Tomasz macht sich ganz klein und sucht die Geborgenheit)

(Tomasz will Kilian küssen)

Nicht küssen. Es ist alles gut. Alles gut. Du kannst Dein Zimmer noch eine kurze Woche behalten. Gibst mir ein bisschen mehr. Ich bring es dem neuen Mieter schon bei.

Tomasz: Lass mich...

(Tomasz stößt plötzlich Kilian weg und rennt heraus)

(Tomasz geht ab)

Kilian: (zu Leopold) Was hat er plötzlich? Er sollte sich ein Beispiel an Dir nehmen. Bist Du etwa traurig, weil Du Deinen Rasen verlierst? Es muss aufgebaut werden, damit alle unterkommen. Du verstehst das.

Leopold: Er ist noch ungestüm. Ich würde so gerne mit ihm boxen und seine Energie empfangen. Gib mir noch einen Monat.

Kilian: Das geht nicht.

Leopold: Ich möchte auf dem Grün mit ihm tollen und ihn noch besser verstehen. Soll ich Dir auch mehr zahlen?

Kilian: Nein. Quack, quack, quack.

Leopold: (geht Kilian an) Zu gerne würde ich mich jetzt gleich mit Dir im Ringkampf messen. Wir können auf den Sportplatz gehen.

Kilian: Der ist weg. Das würde nichts ändern, auch wenn Du gewinnst. Such Dir jemand anderes. Quack, quack, quack.

(Licht aus)

(Kilian geht ab)

(Leopold geht ab)

(Jonathan tritt auf)

(Tizian tritt auf)

6. Szene

(Licht an)

(Jonathan spielt Schlagzeug)

(Tizian spielt dazu mit seinem Ball)

(Schlagzeug endet)

(Nikolas tritt in Frauenschuhen auf)

Tizian: Vertraust Du mir?

Nikolas: Was fragst Du mich das?

Tizian: Ich habe keine Freunde und suche welche.

(Jonathan ahmt mit beiden Händen einen wendigen kleinen Vogel nach)

Nikolas: Hier in der Stadt ist das schwierig. Jeder ist für sich allein.

Tizian: Ich verstehe das nicht. Wir sind so nah und reden nicht. Willst Du mir wenigstens zuhören? Ein Sturm zieht auf.

Nikolas: Was für ein Sturm?

Tizian: (packt Nikolas) Also, höre mir zu. Auch wenn ich scheu bin, habe ich etwas zu erzählen. Hier hält mich gar nichts mehr. Wir können noch ein paar Schleifen drehen, dann ist aber auch gut. Ich will nicht erstarren. Es ist kaum noch Winter. Die ersten Blüten des Frühlings suchen den Auftritt und da will ich dabei sein. Tomasz wird mir folgen. Da bin ich mir sicher.

Nikolas: Das ist eine Lüge. Du wirst alleine wegziehen. Warte noch einen Moment.

(Tizian hockt sich hin)

Tizian: (auf Italienisch) Ich warte nicht mehr lange.

(ruft Tomasz zu) Versuch Du es.

(Tomasz tritt auf)

(Johanna tritt auf)

(Tomasz hält Johanna in seiner Hand)

Tomasz: (auf Polnisch) Lass mich mal machen.

(Johanna gibt Tomasz Weintrauben)

(Tomasz isst Weintrauben und spuckt immer wieder aus)

Tomasz: Breche Dir bloß nicht die Stelzen.

Nikolas: Ich habe Dich hier noch nicht gesehen.

Tomasz: Das ist merkwürdig. Ich wohne gleich neben Dir, nach hinten hinaus zum Hof.

Nikolas: Schön. Willst Du es mal versuchen?

Tizian: Der Moment ist vergangen. Lass uns losfliegen.

Tomasz: Du versaust noch alles.

(Tizian hockt sich wieder hin)

Nikolas: Willst Du es mal versuchen?

Tomasz: Wenn es Dich beruhigt.

Nikolas: Ich bin ganz ruhig.

(zieht die Schuhe aus und übergibt sie Tomasz)

Nikolas: Hier, zieh sie an.

Tomasz: Ich kann doch nicht.

(Tomasz zieht die Schuhe an)

Tomasz: Kannst Du mich mal festhalten?

(Tomasz geht ein paar Schritte)

Nikolas: Und wie ist es?

Tomasz: Sie sind zu klein.

Nikolas: Mir auch.

Tomasz: Was trägst Du sie dann?

Nikolas: Sie erinnern mich an Marie.

(Tomasz zieht die Schuhe aus und übergibt sie an Nikolas)

Jonathan: Oh, geht das schon wieder los?

(äfft Nikolas nach) Sie erinnern mich an Marie.

(fasst sich an den Kopf) Ist das dumm oder verbohrt? Die Frau ist Dir aus den Fingern gerutscht. Wenn ich einen Schnabel hätte, würde ich jetzt Deinen Kopf bearbeiten. Spring auf meinen Rücken. Mit den Schuhen kommst Du nicht weit. Was ist heute für ein Wetter? Auf was wartest Du? Mach schon. Schau Dir mal die Mauersegler an. Leben fast ausschließlich in der Luft und sind wendig ohne Ende.

Wie geschwind die sind. Lockt Dich gar nicht die Vorstellung? Und was machst Du? Was für eine Zeitverschwendung. Worauf soll das hinaus?

(Jonathan geht ab und ahmt dabei wieder den kleinen Vogel mit seinen Händen nach)

Tomasz: Wovon spricht er? Wer ist sie?

Nikolas: Meine Frau.

Tomasz: Dann sollte sie die Schuhe tragen. Sie kann es bestimmt besser als wir. Lass uns gehen.

Nikolas: Ich brauche ihre Nähe, sonst werde ich verrückt.

(Tomasz spuckt wieder aus)

Nikolas: Kannst Du das sein lassen?

Tomasz: Was?

Nikolas: Na, das Ausspucken.

Tomasz: (übergibt Johanna die Weintrauben) Das kriege ich gar nicht mehr mit.

Nikolas: So geht es mir mit den Schuhen. Ich ziehe sie beiläufig an. Ganz selbstverständlich und ohne Pein, ob es mir gelingt.

Johanna: Meine Mutter hat mir Kuchen mit Rosinen gebacken.

Tomasz: (irritiert; wiederholt Rosinen auf Polnisch) Rodzynki.

Johanna: Zwei Stück lagen auf meinem Teller.

Tomasz: (wiederholt Teller auf Polnisch) Płyta.

Johanna: Habe ich eins übrig gelassen, war sie traurig.

Tomasz: (wiederholt Trauer auf Polnisch) Żal.

Johanna: Die Rosinen habe ich heimlich den hungrigen Vögeln überlassen.

Tomasz: (wiederholt Vogel auf Polnisch) Ptak.

Tomasz: (wiederholt Rosinen, Vogel und Hunger auf Polnisch) Rodzynki, Ptak, Głód.

Johanna: Ich habe sie geliebt und ihren Kuchen gehasst. Ich konnte es ihr nie sagen. Sie war so krank. Flugangst.

(Johanna schaut Tomasz an und erwartet die Übersetzung, die nicht erfolgt)

(Nikolas nimmt auch eine Weintraube und beide spucken aus, lachen kurz, eng beieinander)

(Kilian tritt auf)

Kilian: So Jungs und Mädels. Der Mietzins ist fällig. Und wir müssen alle noch ein bisschen zusammenrücken oder weiterziehen. Ihr packt Liebgewonnenes zusammen, lernt neue Menschen kennen…

(winkt) tick, tack, tick, tack. Wo wir hier stehen war früher alles eine Ponyweide. Dann kam ein Zirkus…

Nikolas: Ich weiß. Ein kleiner Zirkus mit Manege ohne Sägespäne…

Kilian: Und später eine Boxhalle aus Backstein…

Johanna: Dann wurden Wohnungen gebaut und Theater und Nester geräumt.

Kilian: Ihr versteht schnell. Habt noch mehr Talente. Denkt an den Mietzins. Ich bin gleich nebenan.

(Tomasz geht ab)

(Johanna geht ab)

Kilian: (entdeckt Tizian) Was kauerst Du da? Auch wenn Du Dich klein machst, hast Du zu begleichen. Gib mir, was Du geben kannst. Das ist auf jeden Fall mehr als ich vorher hatte. Was soll ich denn auch anderes machen?

Tizian: Ich habe die Mittel nicht.

Kilian: Dann hock Dich wieder hin und lass den Schnabel zu.

Tizian: (aufgebracht zu Nikolas) Bin viel zu schreckhaft. Kannst Du ihm, anstatt meiner, glaubwürdig die Not erklären? Für jedermann verständlich? Ganz kurz und schnell nachvollziehbar? Und danach folgst Du mir.

(Tizian läuft währenddessen auf Nikolas zu, der ihn wiederholt zurückweist)

Nikolas: (zu Kilian) Ich werde es versuchen. Du sollst Deine Miete ja bekommen, es ist mir wichtig. Musst ja von irgendetwas leben, dafür habe ich vollstes Verständnis. Ich werde es Dir sofort bezahlen, wenn wieder etwas da ist. In den nächsten fünf

Jahren oder so zahle ich dann alles zusammen. Wirklich. Ich wollte es Dir bereits gestern geben, aber da war das Zurückgelegte schon weg, ausgegeben, ohne dass ich es bemerkt habe. Oder es war in meiner Tasche, aber die war plötzlich zugenäht und ich kam nicht mehr heran. Jetzt würdest Du sagen, dann schneide sie doch auf. Ja, aber womit? Wenn das Geld, um eine Schere zu kaufen, in der zugenähten Tasche steckt. Ich meine, wie soll das gehen? Du kannst mir vertrauen, Miete zahlen ist quasi meine Passion. Ich war schon auf dem Weg zu Dir, doch dann stoppte mich eine Scheibe, die war so klar wie diese Folie. Das kann doch schon mal passieren, dass man mal etwas übersieht. Lief dagegen. Mann, hat das gescheppert. Da machte ich mir keine Sorgen um mich, sondern nur um Dich, weil so eine zersplitterte Scheibe ja ordentlich etwas kostet. Kurzum, sie blieb heil. Da hast Du aber auch Glück gehabt. Dabei verlor ich das Geld, das ich in den Händen trug, und das war ein ganz schöner Batzen, in einem mindestens sieben Meter tiefen Schacht. Wäre der ordentlich abgesperrt gewesen, wäre das nicht passiert. Ich wollte noch hinterher, doch ich habe Tiefenangst. Dann dachte ich heute Vormittag, gut, der Mann soll nicht länger warten, und trug diesmal das Geld auf einem silbernen Tablett.

(Leopold tritt auf)

(Nikolas wird von Leopold und Tizian getragen und wie einen Drachen geführt)

Weißt Du, wie stürmisch es draußen ist? Kein Vogel hätte fliegen können, auch nicht die erprobten, die es gewohnt sind, den Winter anderenorts zu verbringen. Die hätten nicht einen Fuß vor ihr Vogelhäuschen gewagt. Ich tat es. Das Geld flog so schnell davon, dass ich hätte selbst fliegen müssen, um es noch zu erreichen. Und sag mal, sehe ich so aus, als ob ich Flügel hätte?

(Licht aus)

(Nikolas tritt ab)

(Tizian tritt ab)

(Kilian tritt ab)

(Musikeinsatz)

7. Szene

(Jonathan tritt auf)

(Licht an)

(Leopold wickelt sich in den Rasen wie in einen Umhang, Gefieder, ein und umschließt Jonathan mit weiterem Rasen)

(Leopold und Jonathan gehen in den Boxring und ziehen sich Boxhandschuhe an)

(Musikeinsatz endet)

Jonathan: Ich sehe ja aus wie ein Grünspecht. Grasspecht. Erdspecht. Wie ein Nesthocker, der es verpasst hat loszuziehen. Nikolas vielleicht. Aber ich? Grünspechte trommeln zurückhaltender als die bodenständigen und nur heimischen Spechte. Das ist doch merkwürdig oder? Sie erzeugen nur leise Wirbel. Weit gefehlt. Der Oberkopf und der Nacken sind rot, der Bürzel grüngelb.

Leopold: Halte Deine Deckung. Nur so schützt Du Deinen Kopf. Sonst ist er tatsächlich rot. Ich zeige es Dir.

Jonathan: Du bist sehr kraftvoll. Wo ist Dein wunder Punkt?

Leopold: Halte Deine Deckung höher. Genauso. Nicht so viel herumspringen. Mehr tänzeln und fokussieren...Ich bin neugierig, was in dem Brief steckt.

(Jonathan schlägt zu und trifft Leopold)

Leopold: Gut so. Achte auf Deinen Kopf. Der ist gerade völlig schutzlos.

Jonathan: Das ist meine Schwäche. Ich denke unentwegt an sie. Jetzt ist es raus. Kannst Du mich voranbringen?

Leopold: Nur Geduld.

Jonathan: Die habe ich nicht.

Leopold: Erst ein paar Basics.

Jonathan: Ich lerne schnell.

(Jonathan schlägt zu und trifft erneut Leopold)

Leopold: Was steht in dem Brief?

(Jonathan trifft erneut Leopold)

Jonathan: Hat ihn Kilian schon geöffnet?

Leopold: Er war längst offen.

Jonathan: Das stimmt.

(Leopold trifft Jonathan)

Leopold: Kennst Du den Inhalt?

Jonathan: Ich vermute ja.

(Leopold trifft Jonathan)

Leopold: Nikolas hat ihn übergeben. Was steht drin?

Jonathan: (wienerisch) Ich traue mich nicht, ihn zu lesen. Lass uns den Rasen lieber auslegen als ihn herumzutragen. Will mich gar nicht niederlassen. Was ist jetzt mit meiner Lektion? Behüte meinen

Kopf. Marie wohnt noch darin. Sie ist so zerbrechlich.

(Leopold trifft Jonathan)

(Kilian tritt auf)

Kilian: (wienerisch) Ja also meine große Liebe hat
ein bisschen weniger Esprit. Ich liebe das Wienerische. Es ist so frei.

Hört auf Euch zu schlagen. Der Rasen muss weg.
Was ist nun mit dem Brief?

Jonathan: Nikolas sollte dabei sein, wenn wir ihn
lesen.

Leopold: Ich geh dann mal. (zu Jonathan) Denk an
Deine Deckung.

(Leopold nimmt Jonathan und sich den Rasen ab
und geht damit davon)

(Nikolas tritt auf)

(Nikolas schiebt den Kubus zurück, dadurch ver-
schwindet der Boxring)

Nikolas: Was passiert hier?

Leopold: Kilian öffnet den Brief, obwohl er schon
offen ist.

(Leopold geht ab)

Jonathan: (zu Nikolas) Komm zu mir.

Nikolas: Das will ich nicht.

Jonathan: Ganz nah. Nun mach schon. Ziere Dich nicht.

(Kilian hält den Brief in den Händen)

(Leopold löst die Seile des Boxrings)

Kilian: Ja, die Luft ist rein. Der Heilige Vater, der geschlagene Jonathan, die scheinheilige Johanna, der flüggegewordene Tizian, der unmutige Tomasz, der sich betrauernde Nikolas, die verlassene barmherzige Mutter…

(Bühne öffnet sich weiter)

Jonathan: (spricht Anteile auf Wienerisch) Ich trete auf der Stelle. Die Füße gleiten immer wieder zurück. Wie im Treibsand sinken sie ein. Kein Vorankommen. Es macht so müde. Dann werde ich wach.

In der nächsten Nacht will ich schwimmen, liege ganz leicht, fast schwerelos auf der Oberfläche des Wassers. Ich fühle eine Hand, die mich an der Fessel packt und kämpfe dagegen an. Rudere mit beiden Armen. Erst sanft, dann stärker, noch unbeeindruckt von dem Zug. Dann reißt die fremde Hand mich zurück. Daraufhin setze ich meinen ganzen Körper ein, peitsche die Arme durch das Wasser, schlage wie auf Trommeln, nur um ein kleines Stück voranzukommen und weiß, ich kann nicht gewinnen. Wache schweißgebadet auf. Da ist kein Wasser, da ist kein Sand. Da ist nur Verantwortung für Marie.

Ich habe wieder angefangen, Schlagzeug zu spielen, weil es mich voranbringt, je besser ich werde und diese gemeinen Träume vertreibt. Das ist dann wie ein Rausch und ich fliege voran oder gleite durch das Wasser, ohne dass mich irgendetwas daran hindert.

Dann vergesse ich Marie. Es muss doch mal weitergehen, diese Zurückgewandtheit macht mich kaputt. Und irgendwann bin ich dazwischen eingeklemmt und komme nicht mehr heraus. Es drückt so.

Morgen träume ich: Ein kleiner weichblauer Vogel tunkt im Flug nur kurz den Kopf ins Wasser und beäugt das Fremde. Ganz hektisch, weil die anderen ungeduldig warten. Der Vogel muss sich entscheiden. Weiter Neues sehen oder Bekanntes belassen, um den Schwarm nicht zu enttäuschen? Er bleibt am Wasser sitzen und lässt die anderen ziehen, bis das Wasser gefriert.

Kilian: Was bringen die Träume? Meine habe ich längst vergessen. Ich liebe das Wienerische. Sagte ich das schon? Hier wohnte mal ein Italiener, der hätte das gefühlvoller gesagt. Die haben eine ganz andere Emotionalität.

(Jonathan wiederholt ein Teil davon erneut auf Italienisch)

(Kilian reagiert stark darauf)

(Johanna tritt auf)

Johanna: Das klingt schön. Wir müssen zusammen-wachsen. Der Winter weicht der Frühlingswärme. Kann ich bei Dir bleiben?

(Jonathan geht zum Schlagzeug)

Oh, schon wieder weg.

(Jonathan spielt Schlagzeug, zunächst begleitend und piano, dann zunehmend stärker)

Nikolas: Ich habe auf sie gewartet. Wie jeden Abend. Auch am Tage habe ich Marie nicht gesehen. Nicht gesprochen. Als ob sie mir aus dem Wege ging. Als ihr Auftritt in dem mannigfaltigen Tütü begann, spielte das Orchester in gleicher Manier. Sie trug vermutlich dasselbe Kostüm wie in jeder Vorstel-lung. Warum auch nicht? Es stand ihr und passte zur Nummer. Ich konnte nicht in die Manege einse-hen und spürte, sie war da. Mein Mariechen.

(zu Jonathan) War etwas anders an diesem Abend? Du musst es doch wissen, Du hast im Orchester ge-spielt und alles sehen können.

Das Tempo ihrer Kunststücke nahm zu. Jede Bewe-gung war genau, jahrelang geprobt und mit der Mu-sik abgestimmt. Bewegte sie sich nach links, gab es einen Akzent. Ging sie nach rechts, einen anderen.

Gleich war es soweit. Der Wirbel kündigte den Hö-hepunkt der Präsentation an. Einzigartig, sensatio-nell, atemberaubend. Ich wusste, es würde noch einen Moment lang dauern und kurz danach wird sie zu mir kommen. Durch den Zeltausgang, den ich für sie magisch öffne, damit mein Mariechen unter Applaus hindurchschreiten konnte. Die Atmosphäre war gespannt und ich schon glücklich, sie gleich nach all den entbehrlichen Stunden wieder empfangen zu können. Jetzt war es fast soweit. Ich wartete auf das Finale, das sich im Trommelschlag entlud.

Da war das Signal. Ich öffnete den Vorhang und konnte gerade noch sehen, wie Marie durch den Seitenausgang verschwand. Und Du bist ihr gefolgt. Habt Euch nicht einmal verbeugt.

(Jonathan spielt übertrieben)

Ich habe noch gerufen. Immer wieder und wieder. Habt Ihr mich nicht bemerkt? Es war so, als würdet Ihr rennen. Vor was rennt Ihr weg? Vor mir? Jonathan. Jonathan, hörst Du mich? Was treibt Euch so an, dass ich nicht eingebunden bin? Marie habe ich nie wieder gesehen. Was tust Du mir an? Hör mir doch zu. Jonathan.

(Licht aus)

(Jonathan geht ab)

(Nikolas geht ab)

(Johanna geht ab)

8. Szene

(Cedrik tritt auf und verschließt die Lücke zwischen Stellwand und Kubus)

(Cedrik horcht an den Wänden)

Cedrik: (geräuschempfindlich) Das habe ich mir schon anders vorgestellt. Es ist, als ob die Wände sprechen können.

Kilian: (horcht an der Wand) Ich kann nichts hören.

Cedrik: Dort boxt einer nachts gegen die Wand, ein anderer trommelt und scheint sich selbst dabei zu überholen. Da läuft einer unentwegt herum, als ob wir hier unendliche Wiesen zu bewandern haben. Gleich dahinten zieht eine Frau, und Entschuldigung, nicht wirklich grazil, klappernd wie ein Storch nie ihre Schuhe aus.

Kilian: Das ist keine…

Cedrik: Ich bin noch nicht fertig. Der Boxer atmet schwer, wenn er auf dem Rasen seinen Bauch herausfordernd ertüchtigt. Der Trommler will offensichtlich das Becken zerstören, während der Schlägel lautstark unterstützt. Und kurz danach, als ob ein Kopf durch die Wand will. Ganz zu schweigen von einem Ball, der selbst mitternachts gekickt wird. Das ist ja wie im Taubenschlag. Keiner will, keiner darf da mehr heraus. Dort wird ausgespuckt, ständig wird geküsst, geschlagen, getreten und an einer bestimmten Stelle kann man sogar hören, was die

Anrufer der Bewohner sagen. So dicht ist das hier geworden.

Kilian: Ich weiß, was sie sagen.

Cedrik: Wer?

Kilian: Na die Anrufer, die Du durch die Wände hörst.

Cedrik: Ach, hört man es sogar von dort? Von rechts kommt:

Kilian und Cedrik (gemeinsam): Halihallöchen, hier ist Renate, na Ihr Hasenschnecken wie geht's. Wollt mal horchen, was Ihr so treibt. Am Sonntag ist es soweit, Weihnachtszeit. Hehe.

Cedrik: Als ob man den Hörer selbst am Ohr hält. Und von links kommt:

(Johanna tritt auf)

Johanna: Ja, Guten Morgen, ich wünsche Dir auch frohe Weihnachten und ähm, ich weiss ja nicht, ob ich jetzt sagen kann: Einen fleißigen Weihnachtsmann.

(Kilian wiederholt)

Kommt der da überhaupt an? Hähähä. Ja, entspannt, na ja. Klar, es ist ja ein angenehmer Stress, sage ich mal, den, ich zumindest, mir zu Weihnachten mache und ich, ähm, liebe diese Zeit.

(Nikolas tritt auf mit unbeleuchteter Lichterkette)

Nikolas: Ich liebe die total. Kochen zu dürfen und allerlei leckere Dinge doch auf den Tisch zu packen und zu warten, bis alle kommen…

(Cedrik wiederholt)

Wobei heute am Heiligabend bin ich wieder alleine, aber morgen sind dann alle da und da freue ich mich schon wahnsinnig drauf. Ja wenn man in so großer Familie gelebt hat, dann ist das schon…ja, ich will nicht sagen traurig, jetzt so sein Leben mehr oder weniger alleine zu leben. Es fühlt sich schon gut an, so manches Mal vermisse ich es.

(Jonathan tritt auf)

Jonathan: Traurig war jetzt ein blödes Wort. Ja manches Mal vermisse ich diesen Trubel um mich herum, wie in einer Manage.

(Kilian wiederholt)

Ansonsten habe ich wirklich genug Trubel. Hähähä. Aber es ist doch etwas anderes, wenn ich dann zuhause gesessen habe und gewartet habe, einen Weihnachtsfilm geguckt habe vorher und irgendwann kam dann die Pute rein, ich konnte es kaum noch erwarten…

…und der Baum wurde geschmückt.

(Nikolas Lichterkette leuchtet)

Und das ist jetzt doch anders, nicht unschön, aber anders. Ich habe immer noch meine Schwierigkeiten damit, mich daran zu gewöhnen.

Entschleunigen ist gut. Bin auch jederzeit eigentlich dafür. Aber das möchte ich gerne selbst wählen, wie entschleunigt werden soll. Hähähä.

Du bist ja jetzt der völlig Harte, so ganz weg von Weihnachtsbaum und Schnee.

(Cedrik wiederholt)

Es sollen ja heute wenigstens so ein paar Flocken hier kommen, aber da rührt sich noch nichts am Himmel. Hähähä.

(Leopold tritt auf)

(Tizian tritt auf)

Leopold: Weihnachten bin ich immer so sentimental. Ich liebe diese Zeit.

(Kilian wiederholt)

(fällt hin)

Die Vögel sind in wärmeren Gefilden und ich mach es mir hier auch schön. Wickele mich in Decken ein und gehe auf meinen Rasen unter meinem Himmelszelt, spüre die kalte Luft. Das ist meine Offerte, ganz ohne Verpackung. Und Geschenke müssen Heiligabend auch wirklich nicht sein. Es hat ja jeder schon alles.

(fällt hin)

Vielleicht nur eine Kleinigkeit. Ich denke an meinen Sohn und stelle mir vor, was der so gerade macht. Der findet schon seinen Weg.

(fällt hin)

(Leopold steht wieder auf und Tizian springt ihm auf den Arm)

Cedrik: (streicht Tizian über den Kopf) Jedes Wort ist zu verstehen und bleibt einem in Hals und Ohren stecken. Da kann man nur hoffen, dass nicht noch mehr einziehen und wir noch enger zusammenrücken müssen. Oder?

Kilian: Doch.

Cedrik: Was doch?

Kilian: Da zieht noch eine ein.

Cedrik: Und wer?

Kilian: Renate…

(währenddessen spricht Kilian weiter): Agathe, Tomate, Rakete, Pastete,…

Cedrik: Und dann geht es um so einen beschissenen Brief und ob der nun verschlossen ist oder nicht. Und wer wem den Brief übergeben hat und wo er herkommt. Mein Gott.

(Kilian fühlt sich ertappt und beendet die Wortkette)

Cedrik: (peinlich berührt) Nun ja, ich bin ja auch interessiert, was da drin steht.

(wieder voller Emotionen) Dann nimmt man ihn einfach, schlägt das Kuvert auf, holt den Inhalt heraus und liest die Zeilen. Schritt für Schritt. Das wird schon keinen überraschen. Aber irgendwann ist dann ja mal gut. Das ist ja hier keine Ponyweide.

(liest den Brief, steckt ihn sofort zurück ins Kuvert, übergibt ihn wieder an Kilian)

Warum ist der auch nicht verschlossen?

Kilian: Was steht denn drin?

Cedrik: Ich will davon nichts wissen. Dann lies ihn doch!

Kilian: Du machst mir Angst.

(Licht aus)

(Cedrik geht ab)

9. Szene

(Im Kubus stehen von links nach rechts nebeneinander Nikolas, Tizian, Leopold und Johanna)

(Licht an)

(Tizian ist durch durchsichtige Wände von Nikolas und Leopold getrennt)

(Tizian duscht)

(Lichtprojektion „Wasser")

(Musikeinsatz)

(Leopold und Johanna küssen sich, mal innig und mal distanziert)

Johanna: (ruft übertrieben, noch in der Umarmung) Tizian?!

Nikolas: (ruft) Marie?!

Jonathan: Wo ist dieser verdammte Brief?

Johanna: Tizian, wo bist Du?

Nikolas: Marie, ich kann Dich nicht sehen.

Jonathan: Wo kann er nur sein? (fasst sich an den Kopf)

(Leopold stößt Johanna plötzlich weg und stellt eine weitere Wand zwischen beiden auf)

(Musikeinsatz endet)

Leopold: Du willst mich nur von hier wegbringen. Du hast es auf mein Zimmer abgesehen. Gib es doch zu. Machst mir schöne Augen und wenn ich hineinsehe, bin ich verloren. Und wie Du dastehst. Bist Du schwanger oder was? Ich kann doch nicht jedes Mal...

Johanna: Wie kommst Du darauf? Ich bleibe mit Dir hier.

(Johanna zieht Leopold wieder an sich heran, ganz eng, nur durch die Wand getrennt)

Johanna: Wir haben überall Platz.

Kilian: Was ist denn das für ein buntes Sammellorium?

Leopold: Sammelsurium.

Kilian: Was quakt der Frosch im Schnabel? Ich kann Euch einen Zwischenraum anbieten, der kostet so viel wie eine Kammer, aber was soll ich machen? Da könnt Ihr sogar zwei Wochen bleiben. Aber wenn Ihr nicht wollt...

Johanna: Doch, es ist wirklich schön. Ich würde hier gerne ewig bleiben. Wenn ich nur eine Zukunft habe.

Leopold: Wo soll ich boxen? Mein Garten ist mir genommen. Ich brauche mehr Platz. Das ist wider meine Natur.

(Leopold drängt Johanna zurück und engt auch den Raum von Tizian ein)

Nikolas: (ruft übertrieben und den Namen langgezogen) Mariechen, wo bist Du nur? Bist Du da? Das

Mariechen bringt mich um den Verstand. Ich lass mich von Dir nicht zurückdrängen, doch die Neugier treibt mich voran.

(Nikolas weitet sich aus und engt den Raum von Tizian ein)

Johanna: (zu Tizian) Da ist ja unser kleines Vögelchen.

(Nikolas und Leopold schlagen gegen die Wand von Tizian)

(Jonathan spielt Schlagzeug dazu)

Kilian: Quack, quack, quack…

(Tizian immer ängstlicher)

(Tizian fällt nach vorne aus seiner Zelle heraus)

(Jonathan will seine Schmerzen lösen und geht zum Schlagzeug)

(Johanna schüttet Tizian Wasser über den Körper)

(Cedrik tritt auf und übergibt Leopold ein Badetuch)

Cedrik: Was machst Du da? Seine Hose läuft doch ein.

Kilian: Das ist kein Problem. Ich dachte, wir wollten uns verkleinern.

Johanna: Ich komme mal zu Dir. Was macht Dich so schreckhaft? Jetzt kannst Du es mir erzählen. Wir sind allein.

(Leopold wirft Tizian ein Badetuch zu)

(Tizian hüllt sich ängstlich ein)

Tizian: Sie drängten mich in den Spind. Durch die Schlitze kamen noch etwas Licht und wenig Luft. Die Zähne eines Schlüssels ließen sie über das Blech scharren, nachdem ich eingeschlossen wurde. Es waren fünf oder sieben. Alle größer als ich. Keiner von denen hätte da hineingepasst. Dann spielten sie Fußball und ließen mich nicht mitmachen. Ich malte es mir genau aus, wie ich als Stürmer über das Feld flog oder als Verteidiger es vor Angreifern beschützte. Ganz klein und jeden Moment bereit, um zu beweisen, dass ich auf dem Platz nützlicher wäre als im Dunkeln zu hocken.

Dann schlug der erste gegen das Blech. Als ich mich von dem Schreck erholte trat der zweite mit den Fußballschuhen gegen die Wand, die ein Stück nachgab und meinen Platz verringerte. Manchmal kamen auch mehr als zwei. Vermutlich, da ich nichts sehen konnte. Und brachten den Spind zum Schwanken. Noch stärker, wenn, sie ihr Spiel verloren. Am Ende war ich frei, bis das nächste begann.

Wenn sie fort waren, zog ich mir die Schuhe an und rannte mit dem Fußball über das Feld. Wie ein Bussard, der seine Beute nicht mehr hergibt und sie ins Nest einbringt.

(Jonathan spielt Schlagzeug)

Wenn die Sonne untergeht erschaudert mich noch jetzt das Schlagen wie von Blechtrommeln. Ich

träume davon. Hört das auf, wenn ich hier wegzie-
he?

Johanna: Wofür haben sie Dich bestraft?

(Johanna geht zurück zu Leopold in die Kabine)

Tizian: Dafür, dass ich da war. Und nun muss ich wegziehen, um dann Dazusein.

(Tizian geht durch seine Kammer ab)

Kilian: (flüstert, den Brief in der Hand) Nikolas? Nikolas. Die Luft ist rein.

(Nikolas tritt aus seiner Kammer heraus)

(Schlagzeugeinsatz endet)

Nikolas: (flüstert) Hast Du den Brief?

Kilian: Habe ihn bei mir. Noch ungeöffnet.

(Cedrik vom Flüstern angezogen)

Jonathan: Der ist nicht verschlossen. Gib ihn her.

(Jonathan nimmt Kilian den Brief wieder ab)

Jonathan: Mir drückt der Kopf.

Cedrik: Was ist mit Deinem Kopf?

Jonathan: Ich dachte erst Migräne…

Cedrik: (ganz nah) Das kenne ich. Da ist Dir jedes Geräusch zu viel. Vom lichten Frühlingserwachen ganz zu Schweigen. Vielleicht bist Du wetterfühlig, neurotisch, psychotisch oder depressiv. Zu jedem hätte ich etwas beizutragen.

Jonathan: Das ist ja ein Angebot. Im Vertrauen.

Cedrik: Das bleibt ganz bei mir. Wenn die anderen etwas erfahren, liegt es an den dünnen Wänden.

Jonathan: Ich habe es nie verwunden. Marie hat mich verlassen. Dachte, sie geht mit mir zusammen jeden neuen Weg. Aber darum ging es ihr gar nicht. Seit dem habe ich ihre Stimme im Kopf, die mir sagt: „Bleib nicht stehen".

Kilian: Quack, quack, quack…

(Cedrik bläst die Backen auf)

Jonathan: Das mache ich dann wohl mit mir aus. Hilf mir doch!

(Nikolas will in seine Kammer zurückgehen)

Jonathan: Du bleibst hier.

(Jonathan übergibt den Brief an Nikolas)

Nikolas: Jetzt habe ich ihn zurück.

Jonathan: Und Du liest ihn jetzt auch.

Kilian: Ich geh mal schlafen. Ist ja schon spät.

(Kilian geht in die Kammer von Nikolas)

Nikolas: Was steht denn drin?

Kilian: Die Luft ist rein. Der Sturm steht an.

Jonathan: (nimmt den Brief zurück) Lieber Nikolas…

Nikolas: Der Brief ist für mich? Welcher Sturm?

Jonathan: Du bist mittendrin. Dann mach mal weiter, bevor es ein Orkan wird.

(Jonathan will den Brief an Nikolas übergeben, der weist ihn zurück)

Nikolas: Nein, lies.

Jonathan: Lieber Nikolas, es tut mir unendlich leid, aber Jonathan war…

Nikolas: Warte. Wir sollten ihn nicht hier lesen. Mariechen hat mich im Zirkus verlassen. Dann wollen wir ihn da auch erleben.

Jonathan: Lass doch die Vergangenheit ruhen und diesen Brief vergessen.

Nikolas: Mach doch einmal, was ich sage. Jetzt spüre ich den Sturm. Du hast mich mitbetrogen und bist mit Marie fortgelaufen.

Jonathan: Gut. Ich gehe mit Dir nochmal zurück.

(fasst sich an den Kopf) Oh, es drückt so. Und dann vernichte ich die Zeilen.

Nikolas: Das bist Du mir schuldig.

Nikolas: (zu Kilian) Wo war dieser Zirkus genau? Ich habe es verdrängt.

Kilian: Gleich dort drüben. Wir sollten Platz schaffen.

(Licht aus)

10. Szene

(Licht an)

Leopold: Wo soll denn jetzt der Platz herkommen, den Du uns genommen hast?

Nikolas: (zu Jonathan) Setz Dich in Dein Orchester. Wie damals.

(Jonathan nimmt am Schlagzeug Platz und spielt)

(Musikeinsatz)

(Die Manege, die vorher von der Stellwand verborgen war, wird durch Umbau von Kilian und Jonathan vollständig sichtbar und umsäumt mit Lichterkette die halbrunde Manege)

(Tomasz tritt auf)

(Tizian tritt auf)

(Der Kubus wird von Tomasz, Leopold und Tizian nach hinten getragen)

(Die anderen Schauspieler unterstützen wie vom Sturm umhergeworfen)

(Die Schauspieler tragen fünf kleine Zirkuszelte heran, die die Manage andeuten und umsäumen)

(Musikeinsatz endet)

(Cedrik tritt auf)

Cedrik: Es will nicht heraus und steckt so tief. Längst vergessen. Noch unverdaut. Jetzt weiß ich es wieder…

Tizian, der Kuckuck. Gehindert am Südflug. Entfesselungskünstler und Ballvirtuose. Eingesperrt in einem Spind mit sieben Schlössern. Gelingt es ihm trotz unvorstellbarer Angst, rechtzeitig zu entkommen? Komm, flieg mit Deinem Ball davon...

Tomasz, der Fitis. In 30 Tagen hat er die ganzen Alpen überlaufen. Jetzt muss er sich mit winzigen Räumen begnügen. Seine Füße sind kleiner geworden. Zeig mal hoch Deine Füße. Er kann aber immer noch alle Städte in den Bergen aufzählen...

(Tomasz zählt diese auf Polnisch auf)

Leopold, der Kiebitz oder Kranich, der Schlagfertige mit dem grünen Daumen. Er hat gegen alle Größen geboxt. Jetzt trägt er mit seiner unglaublichen Kraft auf saftigem Rasen Jungfrauen umher...

Nikolas, die Nachtigall, der Wandelbare. Nikolas und Marie, Marie und Nikolas in einer Person. Beobachten Sie die rasche Verwandlung, ohne dass er sich überhaupt von der Stelle bewegt...

Johanna, die Wildgans, die schüchterne Hochseilakrobatin. Sie hat immer Geburtstag und kann die Mitbewohner mit verbundenen Augen an ihren Hosen erkennen und dabei einen scheuen Zugvogel imitieren...

(greift mit verbundenen Augen in den Schritt der Schauspieler und rät die Namen falsch; alle Schauspieler helfen)

Jonathan, der Mauersegler, der Blechtrommler. Raten Sie, wie viele Schläge pro Minute gegen seine Schädelwand donnern.

(Jonathan klettert das Netz hinauf)

1? 2? 3?...

Jonathan: Das Netz ist nicht hoch genug. Wie weit soll ich noch? Ich höre immer noch Marie.

Cedrik: Dann komme mal lieber wieder runter. Das lässt sich nicht zählen.

(Kilian erscheint durch die Lichterkette der durchlässigen Stellwand)

Und nun: Er kann durch Wände hören und gehen und erinnert sich an jeden seiner Mieter, auch wenn sie nur auf Durchreise waren. Hauptsache, er verdient an ihnen gut. Kilian, der Einfühlsame.

(Nikolas küsst ihn)

Kilian: Ah, nicht küssen.

Cedrik: Psst! Ich bitte nun um absolute Ruhe. Er spürt gerade den passenden Moment.

(Die Schauspieler im Freeze)

Kilian: Die Luft ist rein. Der Sturm ist da.

Cedrik: Applaus für unsere Kreaturen.

(Die Schauspieler applaudieren sich selbst)

Nikolas: Schluss damit. Was ist nun an dem Abend passiert?

(Die Schauspieler gehen ab bzw. bleiben am Rande der Bühne stehen)

(Tomasz geht ab)

Nikolas: (zu Jonathan) Du spielst wie damals, als der Zirkus in der Stadt war.

(Jonathan nimmt am Schlagzeug Platz)

(Leopold fällt hin und klettert am Netz hoch)

(Tizian übt ein Kunststück und folgt Leopold und hängt später an seinem Arm)

(Jonathan spielt Schlagzeug)

Nikolas: (lässt sich Zeit und genießt den Moment) Ein Clown mit schwarzen Lippen fiel immer wieder hin. Wie ein Vogel, dessen Flügel zu müde waren. Ein anderer übte brav seine Passion. Wie ein scheues Tier, das zum Fliegen ansetzt. Marie kreuzte längst nicht mehr meinen täglichen Gang ins Zelt. Dann hing anmutend ein Artist in den Seilen. So mutig, wie ich nicht sein kann.

(Johanna auf einer Schaukel oder auf dem Stuhl hinter der Wand mit Schirm und Tütü)

So schön war der Moment. Ganz besonders und verbunden. Nah und dennoch unerreichbar. Sie hat bestimmt an mich gedacht. Wenn Zugvögel im Winter ihr Quartier verlassen, sind sie sicher vor dem Sommer wieder da. Marie habe ich nie wieder gesehen. Du bist mit ihr fortgeflogen.

(Jonathan beendet das Schlagzeugspiel)

(Jonathan und Nikolas gehen zum Mikrofon)

Jonathan: Das hast Du schon erzählt. Wann kommst Du endlich darüber hinweg?

Nikolas: Ich habe mir etwas überlegt. Nächstes Weihnachten kommst Du zu mir, zu uns, in die alte Wohnung und dann werden wir...

Jonathan: Marie ist fort. Es gibt keine alte Wohnung mehr. Die Blätter sprießen längst. Verstehst Du nicht, die Stadt hat Dich ausgespuckt.

Nikolas: Dann halte mich doch fest und gib mir die Chance zu verstehen. Ein Vorschlag zur Güte: Ich bringe alles mit, damit es gelingt. Ein paar Bier, gute Musik, Mariechens Kleid und den Brief. Dann wird alles genau wie damals.

Jonathan: Was bildest Du Dir ein? Nichts wird wie zuvor. Wir geben uns noch einmal die Hand und das war's.

Nikolas: Lies den Brief. Laut. Ich will es jetzt hören.

(Jonathan nimmt den Brief)

Jonathan: Lieber Nikolas, es tut mir unendlich leid, aber Jonathan war...

...wie ein guter Sturm, der mich von Dir weggezogen hat. Ich konnte Dir nicht mehr in die Augen schauen. Soll mein Kind in der Manege aufwachsen? Den Vater habe ich verlassen. Jonathan habe ich nie geliebt. Vergiss mich.

Jonathan: (verärgert) Das ist alles?

Nikolas: Ich wollte sie heiraten.

Jonathan: Jemand wie Du kann überhaupt nicht heiraten.

Nikolas: Nun halte mir mal keine Vorträge. Was soll das schon wieder bedeuten?

Jonathan: Weil Du keine Kinder kriegen kannst. Marie hat Dich verlassen.

Nikolas: Sie hat mich verlassen, weil Du ihr schöne Augen gemacht hast.

Jonathan: Sie hat Dich verlassen, weil sie sich ein Kind gewünscht hat.

Nikolas: Das wäre doch möglich gewesen.

Jonathan: Das ist möglich geworden.

Nikolas: Moment. Was dichtest Du umher und triffst mich im Kern. Marie war schwanger?

Jonathan: Ja, und sie wollte das Kind nicht hier zur Welt bringen.

Nikolas: Was ist daran schlecht? Ich hätte für unser Kind gesorgt.

Jonathan: Hier, in der Manege? So kalt und eingeengt? Wach doch endlich auf.

(Leopold tritt hinzu)

Leopold: Jetzt wird es spannend, soll Tomasz uns das Bier holen?

Nikolas: (fasst sich an den Kopf) Was hat er jetzt damit zu tun? Ich werde wahnsinnig.

Jonathan: (fasst sich an den Kopf) Mir brummt der Kopf. Geh doch mal voran und bleib nicht ständig stehen.

Nikolas: Ich will jetzt Mariechens Kleid anziehen.

(Nikolas will nach Johanna greifen)

Jonathan: Du ziehst jetzt gar nichts an.

(Johanna geht ab)

Leopold: Was ist jetzt mit dem Bier?

(Nikolas zieht sich aus)

Nikolas: Immer nach Deinem Willen. Dann zieh ich eben alles aus und bin halbnackt.

Jonathan: So bekommst Du jetzt unverhüllt die Wahrheit.

Nikolas: Ohne Schutz? Bitte schön. Und schick ihn weg (meint Leopold). Lass mich ungern von mehreren gleichzeitig begaffen.

Leopold: Es gafft keiner. Ich bin hier, um die Lage zu klären.

Nikolas: Ich brauche keinen Schutz.

Leopold: Ach, auf einmal.

Nikolas: (zu Jonathan) Du hast Mariechen begehrt und ihr ein Kind geschenkt. Doppelt betrogen und verraten. Ist es das, was Du mir sagen willst? Weißt

Du, wie es ist, wider die Vernunft gezogen zu werden?

Jonathan: Was mutest Du dir jetzt an und wirfst mir einen Betrug vor? Mein Kopf bringt mich noch um. Keine Nacht kann ich noch schlafen. Es trommelt wie verrückt. Weißt Du, wie es ist, Schuld zu spüren und am Vorankommen bedrängt zu werden?

(Leopold hebt den Arm und streckt den Finger nach oben)

Nikolas: Ich will jetzt kein Bier, sondern Reue.

Jonathan: Reue von wem? Von mir? Du solltest einen Schluck trinken. Das Kind ist nicht von mir.

(Tizian fällt herunter und geht wieder an den Rand der Bühne)

Nikolas: Ich schreie gleich. Von wem dann? Hier stehen zwei und reden sich in Rage.

Jonathan: Zwei?

Nikolas: (zu Leopold) Ich frage Dich jetzt mal als Unbeteiligten, der hier die Szene für sich gewinnt. Kennst Du den Vater?

Leopold: (klettert herab) Ja. Gut sogar. Ich hatte oft mit ihm zu tun und mir gefällt seine körperliche Art.

Tizian: Ich kann das nur bestätigen, sehr bescheiden und zugänglich. Gefangen in seiner Rolle.

Nikolas: Es ist ja nicht zu fassen. Schön. Darf ich auch langsam Mal erfahren, wer des Kindes Vater ist? Ich ja offensichtlich nicht. Es ist Tomasz. Wo kann ich den, wenn auch halbnackt, zugleich erreichen?

(Jonathan zeigt auf Leopold)

Nikolas: (zu Leopold) Ich habe verstanden. Dann führe mich jetzt zu ihm. Ich bin bereit.

Jonathan: Leopold ist der, den Du jetzt suchst.

Nikolas: Es ist mir immer noch unklar. Ich habe aus den Augen verloren, wen ich eigentlich suche.

Jonathan: (zeigt deutlich auf Leopold) Na, des Kindes Vater.

(Tizian kommt angelaufen und springt Leopold in den Arm)

(Leopold bricht mit Tizian im Arm zusammen)

(Licht aus)

(Licht an)

(Tizian beobachtet und geht zurück an den Bühnenrand)

(Mikrofoneinsatz endet)

(In der Manege)

Jonathan: Du hast es schon richtig getan, hast sie ziehen lassen, obwohl es nur ein paar Schritte gewesen wären, sie aufzuhalten.

Nikolas: Das hättest Du doch nicht zugelassen.

Jonathan: Bist Du so schwach? (fasst sich an den Kopf). Wir schaffen keinen Raum durch Unterhaltungen. Fahr die Ellbogen aus und wenn es nicht reicht, nimm die Schultern hinzu.

Nikolas: (zu Leopold) Das werde ich gleich üben. Das ist schon ein starkes Stück. Mein Kind ist von Dir?

(Leopold fällt hin, Jonathan hilft ihm auf)

Jonathan war Mariechens Alternative, aber Du?

(Leopold fällt hin, Jonathan hilft ihm auf)

Wie hast Du sie erobert?

(Leopold fällt immer wieder hin)

(Nikolas wirft sich ebenfalls zu Boden)

Nikolas: Kannst Du mal was sagen?

(Beide kämpfen am Boden)

Leopold: Was tollst Du mit mir? Ein Kampf war das ja wohl nicht. Dir fehlt Entschlossenheit.

Jonathan: Genau meine Rede.

(Jonathan spielt Schlagzeug)

(nur Leopold am Mikrofon)

Leopold: Heimat, Wiese, Glaube, Liebe, Stadt, Zugvogel.

Nikolas: Dann zieh doch endlich weg und lass mich bleiben.

Leopold: Aufreißen, Eröffnen, Erweitern, Scheuern, Zerreiben, Quetschen, Kratzen.

Nikolas: Aufreißen, das ist dir ja gelungen.

Leopold: Schreien, Erobern, Gefallen, Erwarten, Umfassen, Benutzen.

(Schlagzeug endet)

(Mikrofoneinsatz endet)

(In der Manege)

Nikolas: Das trifft es genau. Benutzt hast Du mich.

Leopold: Ohne mein Zutun. Die Manege gab Mariechen den Raum, den Du ihr genommen hast. Denkst wohl immer noch, dass dieses Rund bis ans Ende Zufriedenheit beschert.

Nikolas: Was ist schlecht daran?

Leopold: Du bist so naiv. Tust mir fast leid.

(Leopold will Nikolas küssen)

Nikolas: Nicht küssen.

Leopold: Hast Du mal gesehen, wie ein gefangener Vogel bei Angst gegen die Gitterstäbe fliegt? Wenn er in Ruhe ist, reicht der Raum völlig aus. Aber wenn es aus ihm herausbricht prallt er ab, verletzt sich erst das Gefieder und dann den Verstand.

Ich habe keine Ahnung, ob Milan, Schwalbe, Kranich oder putzige Singdrossel auf dem Weg in nahrungsreiche Winterquartiere die größere Unruhe in sich tragen. Marie war wie ein Zugvogel und wollte weg. Als sie ein Kind in sich trug, war der Drang noch stärker.

Nikolas: Sie hätte doch mit mir sprechen können. Dann hätten wir hier ein Zuhause gefunden.

Leopold: (zu Jonathan) Kannst Du mal etwas lauter den Rhythmus schlagen? Vielleicht versteht er es dann.

(Schlagzeug setzt ein)

(Johanna tritt auf)

Nikolas: Du hast die Situation ausgenutzt.

Leopold: Was habe ich? Dein Mariechen hat mich gefragt. Sie ist mir nachgelaufen.

Nikolas: Es reicht. Das würde mein Mariechen nie tun.

Leopold: Deine Frau war überzeugt: Nur mit einem Kind verstärkt sich der Drang, wegzuziehen und aufrichtig zu sorgen. Sie wollte Dich nicht verletzen, prallte ab wie gegen Gitterstäbe in Deiner Nähe und sah nur den einen Weg.

Ich fühle mich schlecht. Es reißt mir den Boden unter den Füssen weg…fiel immer wieder hin…

Sie stand am Rand und amüsierte sich. Öffnete ihre Augen und umschloss mich. Ich lief auf sie zu und sie sagte nur…

Johanna: Nicht küssen.

(Leopold fällt hin)

(Licht aus)

(Leopold befestigt Rasen an der Stellwand, die sich hinter der Manage befindet)

(Schlagzeugeinsatz endet)

(Licht an)

Leopold: Das ist meine Heimat.

(Improvisation)

(Musikeinsatz)

(Leopold bewegt die Stellwand und findet immer neue Positionen)

(Tomasz tritt auf)

(Die Schauspieler rennen hinterher und versammeln sich auf dem Rasen)

(währenddessen: Tizian spielt mit dem Ball und springt auf den Arm, Leopold fällt hin und wird aufgerichtet, Jonathan wechselt zwischen Bewegung und Schlagzeugspiel, Kilian kitzelt und rückt die anderen zusammen, Johanna zieht die Hosen der Männer herunter, Nikolas will nicht vorangehen und wird gezogen, Tomasz präsentiert seine Füße, Cedrik versucht, seinen Hals zu befreien)

(Die Schauspieler bewegen den Kubus und die Flügel)

(Tanz mit Tambourin; alle Schauspieler)

(Musikeinsatz endet)

(Die Schauspieler kommen paarweise nach vorne gelaufen und sprechen nah am Publikum und gehen dann ganz zurück)

Cedrik: Ich habe mit Dir noch ein Hühnchen zu rupfen. Das Zimmer...

Kilian: Die Kammer...

Cedrik: War zu klein...

Kilian: ...Ach was.

Cedrik: Ich habe etwas im Hals.

Kilian: Ist ja gut. Wird alles gut. Ist ja gut.

Nikolas: Hast Du den Brief gelesen?

Jonathan: Niemals.

Nikolas: Er ist doch offen.

Jonathan: (zerreißt den Brief) Komm her.

(will Nikolas küssen)

Nikolas: Nicht küssen.

(Leopold liegt auf Johanna, wie in einer Zirkusnummer)

(Die anderen Schauspieler klatschen dabei in die Hände, nur Nikolas weggedreht)

Tomasz: (isst Weintrauben) Mariechen? Mariechen? Geh mit mir. Ich warte auf Dich. Wenn Du nicht willst, werde ich Dich suchen. Kuckuck. Ich sehe Dich.

(Tomasz geht ab)

(einzeln)

Tizian: So dunkel ist's im Spind. Lass mich raus, dann kann ich gen Süden ziehen.

(wiederholt einen Teil auf Italienisch)

Leopold: Du hast mich gerufen. Wollen wir boxen? Hau mir ordentlich eins rein. Ich habe es verdient. Wenn Du mich hier triffst, wird Dir Nikolas verzeihen.

Johanna: Soll ich Dein neues Mariechen sein? Sie ist mit dem Kind weggezogen und hat niemals zurückgefunden.

Jonathan: (wirr, auch italienisch, wienerisch) Gräme Dich nicht. Wir haben beide den Grund gesät. Werde vernünftig und verschwende nicht unnötige Gedanken. Pass auf die Vögel auf. Sie ziehen ihre Runden. Ist es endlich Frühling? Wo ist ihre Heimat geblieben? Vorangehen, nicht stehen bleiben, vorangehen, vorangehen. Immer zu, immer zu, immer zu. Es zieht mich hin, es zieht mich zurück. Ich habe Dich nicht verstanden, Marie. Was ich verstanden habe, ist die Natur.

Kilian: Das war hier mal eine Ponyweide und da gab es Rasen, unendlich viel. Mit Hasen und Hörnchen. Hier waren die Stallungen. Da haben sie sich geputzt, bis sie glänzten. Dann kam ein Zirkus mit einem Zelt, so groß wie das Firmament. Der musste sich verkleinern und es wurde eine Sporthalle gebaut aus rotem Backstein. Ganz rot. Der ist dann verblasst. Erst waren die Boxer da und dann die Schauspieler. Das Theater wurde verdrängt und dann kamen Wohnungen, erst großzügig und dann wie Zellen für Wechseltierchen. Manchmal nisten hier noch Zugvögel. Das ist lange her.

Cedrik: Ich habe nicht mal mehr als eine Kammer.

(Nebel setzt ein)

Kilian: Na und? (lacht laut los) Die Luft ist rein.

(Die Schauspieler kommen zusammen und schauen Kilian mit Abstand an)

(Projektion „Ein Vogel")

(Film ohne Ton, Großaufnahme bunter Vogel)

(Projektion „Jonathan und Nikolas")

(Film ohne Ton auf einer grünen Wiese, eng und entfernt)

(Projektion „Vogelschwarm")

(Film ohne Ton - ziehender Vogelschwarm am Himmel)

(Tizian wickelt seinen Ball in ein Tuch ein)

(Johanna geht damit davon)

Kilian: (währenddessen): Der Heilige Vater, die untreue Johanna, der gnädige Nikolas, der leutselige Jonathan, der keusche Leopold, der prunklose Tizian, der pilgernde Tomasz, der verzärtelte Cedrik, die moralische Marie.

(Licht aus)

(Musikeinsatz)

(Licht an)

(Verbeugung stark choreographiert)

1.   Alle Schauspieler gemeinsam und mit gro-
ßem Abstand zueinander und zum Publikum ver-
teilt im Raum, Wiederholung

2.   Daraus paarweise
- Kilian und Cedrik
- Tomasz und Tizian
- Johanna und Leopold
- Jonathan und Nikolas

3.   Einzeln zu Musikeinsatz
- Cedrik
- Kilian
- Tomasz
- Tizian
- Johanna
- Leopold
- Nikolas
- Jonathan

4.   Gemeinsam

- Position 1 in Reihe, Position 2 analog dem
Publikum näher; Beachtung von Licht, Regieassis-
tenz, Regie

- Küssen sich kurz innig und wechseln dabei
auch die Position

(Licht aus)

(Musikeinsatz endet)

Olaf Meier als Kilian

Foto: Blank

Das kann nicht sein. Da wächst nichts mehr. Früher war hier alles einmal eine Ponyweide. Zugtiere mussten keine Koppel tragen. Und da gab es Gras, unendlich viel. Mit Hasen und Hörnchen. Hier waren die Stallungen. Da haben sie sich geputzt, bis sie glänzten. Aber jetzt? Dann ein Zirkus mit einem Zelt, so groß wie das Firmament. Der musste sich verkleinern und es wurde eine Sporthalle gebaut aus rotem Backstein... Das Theater wurde verdrängt und dann kamen Wohnungen, erst großzügig und dann wie Zellen für Wechseltierchen...

… Manchmal nisten hier noch Zugvögel. Das ist lange her.

Bühne – im Modell

Foto: Blank

Besetzung Uraufführung 2020 in Berlin:

Marius Hackbarth, Maximilian Wenning, Armin Schiller, Luca Maurizio Wefes, Tamara Lieber, Hubert Chojniak, Olaf Meier, Ralf Blank

Beleuchtungs- und Bühnengestaltung:

Jakob Wilde

Nicht küssen.